東京学芸大学地理学会シリーズⅡ　第1巻

日本をまなぶ
西日本編

上野和彦・本木弘悌・立川和平 編

古今書院

『日本をまなぶ』西日本編と東日本編で紹介する地域

The Geographical Society Tokyo Gakugei University Series II　　Vol.1
Geography of Western Japan

Edited by　Kazuhiko UENO, Hiroyasu MOTOKI,
and Wahei TACHIKAWA

Kokon Shoin Ltd., Tokyo, 2017

はじめに

　多様なことがらが世界の動きと連動し，いわゆるグローバル化が進展しているという．しかし，私たちは，その影響を受けながらも身近な地域に根ざし，日々の生活をおくっている．人生の節目に伴う地域的な移動はあるが，その後は戦禍や事故，大災害など，よほどのことがない限り，地域に根付き，そこの自然環境・社会・文化に馴染み，そして自らが地域を維持・創造していくことになる．そこはまさに私たちが生活する舞台であり，故郷である．

　地誌は，生活の舞台となる地域を構成する要素（インフォーマル要素も含めて）を体系的に解明し，その特色（地域性 locality）を見いだす地理学の一分野である．かつての地誌は，知識の羅列で，無味乾燥なもの思われてきた．しかし，知識はまさに知の源泉であり，その獲得は無意味ではない．また，知識はその体系化によって新たな発見をもたらす重要な道具である．昨今，地域を動態的に見ることが注目されているが，これも1つの地域に関する知識の体系化である．それは，地域を構成する要素を網羅的に取り扱うのではなく，地域の特色を的確に把握できるような事象を中核として設定し，その他の地理的事象と有機的に関連付けながら地域の特色を学ぶ方法である．本書目次の章副題，章扉の中核テーマはそれにあたる（中核テーマについての詳細はコラム5を参照）．しかしながら，何を指標にして地域の特色にアプローチするかは，地誌（地域）の研究者，地域を教える教師によって異なり，まさに地域に対する問題意識が問われる課題である．

　本書『日本をまなぶ』は，地域を学ぶ意義を「私たちの生活する舞台である地域の土地・場所の様子を知り，地域のあり方について考えること」とし，その具体的内容は以下のようにした．

　第1は，地域の生活と自然環境との関係を学ぶことである．自然環境は地域の歴史と文化，産業を育み，生活に豊かな恵みをもたらしている．一方，身近な地域における自然災害が相次いでいる．私たちは地域の自然環境の特色を科学的に，経験知も含めて理解し，生活との関係について考えることが必要である．

　第2は地域の歴史・文化あるいは風土の特色を理解することである．日本の国土は「北は北海道から南は九州・沖縄まで」と南北に長く，自然環境も大きく異なる．人間はその自然環境との相互作用の中で歴史を創造し，特色ある地域文化を形成してきた．日本の諸地域の学びは，これら地域の多様性とそこに住む人びとの生活を理解することが重要である．

　第3は地域の人びとの経済生活を支える産業の問題である．日本の諸地域における産業のあり方は，地域の自然環境，資源分布，企業の立地行動，国内外市場の動向などに規定されることから，地域産業の特色を国民経済，グローバル経済のなかに位置付けて学ぶことで

ある.

　第4は地域生活を取り巻く様々な地域的課題への対応である．地域は今，少子・高齢化，人口の過密と過疎，教育・文化，消費生活，地域的経済格差など，様々な問題を抱えている．これらの諸問題もまた諸地域の特色の1つであり，その実態と要因を探究することも重要である．

　第5は多様な人びととの共生の問題である．それは日本で暮らし，また働く外国人の問題も含めて，地域という場で共に生活する人びととの共生はいかにあるべきかを考えることである．

　これらを達成するために『日本をまなぶ』は編集され，執筆者は7地方区分という枠組みのなかで，地域のなかに何を発見し，どのような特色あるいは課題を見いだしたかを詳細な実態調査に基づいて記述した．そこには各執筆者の地域に対する問題意識が反映されている．

　『日本をまなぶ』は，「西日本編」「東日本編」の2編からなり，前者は九州・沖縄地方，中国・四国地方，近畿地方，後者は，中部地方，関東地方，東北地方，北海道地方である．本書は小・中・高校・大学の教育にも配慮し，諸地方の特色を反映すると思われる内容を第一に取り上げ，地域理解のための農・水産業，工業，観光，地域文化などの地理的事象の事例を示した．しかし，地域で生起する多様な地理的事象は，世界・日本の動向とも関係し，その視点も欠かせない．そこで各章に，各地方の特色と課題に最も関係すると思われる日本の動向を概説する項目を配置した．全体（日本）と部分（諸地域）の関係性は，グローバル化時代における地域理解のためにも重要であり，再び羅列的な地誌に回帰しないための重要な視点である．また，各章には地域理解を充実し，補完するためにコラムを掲載した．

　本書は，日本の諸地方を多様な視点と課題から記述した日本地誌であり，「地域をまなぶ」ための素材である．地域の研究と学習，教材開発，授業実践に活用されることを期待している．

（編者）

東京学芸大学地理学会シリーズⅡ（全5巻）

第1巻	日本をまなぶ　西日本編	2017年9月刊
第2巻	日本をまなぶ　東日本編	2017年10月刊
第3巻	景観写真で読み解く地理	2018年4月刊
第4巻	東京をまなぶ	2020年1月刊
第5巻	地図で読み解く地理（仮題）	2021年刊予定

目　次

はじめに

第1章　九州・沖縄地方 ── 豊かな自然環境・資源の活用と保全 …………………… 1

第1節　九州の自然環境と災害　2
第2節　沖縄のサンゴ礁と保全　6
第3節　沖縄の観光と世界遺産　10
第4節　八幡製鉄所と筑豊・三池炭鉱　14
第5節　九州工業地域の変化　18
第6節　南九州の畜産業　22
概　説 1　日本の地形　26
概　説 2　環境問題　30
コラム 1　日本の国土　33
コラム 2　公害のまちから生まれ変わった水俣市　36

第2章　中国・四国地方 ── 都市・村落の暮らしを支える地域の力 ……………… 38

第1節　中国・四国の人口変動　39
第2節　中核都市 広島の変容　43
第3節　地方都市 坂出の商業と商店街　46
第4節　中山間地域 梼原の景観　50
第5節　広島湾のカキ養殖業　53
第6節　瀬戸内工業地域の発展　57
第7節　文学と歴史の観光都市 松山　62
概　説 3　人口の地域問題　66
コラム 3　多様な地域区分　69
コラム 4　WebGIS　71
コラム 5　日本の諸地域の教材化　74

第3章　近畿地方 ── 歴史がもたらす文化と産業 ……………………………………… 76

第1節　京の食文化　77
第2節　古都の文化遺産　81
第3節　京の伝統産業　84

第 4 節　伊根町にみる農山漁村の活性化　87
第 5 節　大阪大都市圏の拡大　90
第 6 節　阪神工業地帯の発展と停滞　94
第 7 節　多文化共生都市 神戸　98
概　説 4　地域の変遷　101
概　説 5　日本の観光地　106
コラム 6　日本の文化的景観　110
コラム 7　分布図を描く　112
コラム 8　統計の探索　115

参考文献　118
執筆者紹介　120

東京学芸大学地理学会シリーズⅡ　第 2 巻
日本をまなぶ　東日本編

目　次

はじめに

第 1 章　中部地方―産業の多様性
　第 1 節　東海地方の自然と災害
　第 2 節　愛知の自動車工業
　第 3 節　中山道の工業化
　第 4 節　中央高地の野菜・果樹産地
　第 5 節　海野宿にみる伝統的町並み景観
　第 6 節　新潟県の地場産業
　概説 1　日本の工業
　概説 2　市町村合併
　コラム 1　広域周遊観光

第 2 章　関東地方―他地域との結びつき
　第 1 節　東京の中心性
　第 2 節　大都市内の人口問題
　第 3 節　中心商店街 銀座
　第 4 節　大都市工業の構造
　第 5 節　茨城県坂東市岩井の野菜産地
　第 6 節　宇都宮市の都市化と商業
　概説 3　日本の商業地域
　コラム 2　東京の空　航空路線

第 3 章　東北地方―風土が育む生活文化
　第 1 節　ヤマセ
　第 2 節　東北の米づくり
　第 3 節　宮古の漁業
　第 4 節　青森農村女性のむらおこし
　第 5 節　盛岡の伝統芸能
　第 6 節　仙台の都市化
　概説 4　日本の農林水産業
　コラム 3　東北地方太平洋沖地震による津波と被害

第 4 章　北海道地方―自然環境の克服と挑戦
　第 1 節　開拓都市札幌の発展と変容
　第 2 節　別海町における酪農の発展
　第 3 節　北洋漁業と水産資源
　第 4 節　北海道の工業開発
　第 5 節　美瑛町にみる観光の国際化と自然景観
　第 6 節　夕張の石炭産業とまちの再生
　概説 5　日本の気候

参考文献
執筆者紹介

第1章　九州・沖縄地方

沖縄・石垣島川平湾（湾内の透明度の高い海とサンゴ礁）

中核テーマ：豊かな自然環境・資源の活用と保全

　豊かな自然環境は人びとに恵みをもたらすこともあれば，被害をもたらすこともある．九州・沖縄地方は台風の通過，前線の停滞，地震・火山噴火などの自然災害がある．一方で自然は，地熱発電や温泉，個性あふれる地域文化などの観光資源，豊かな農業生産の基盤を提供している．また，石炭（現在は閉山）などの地下資源の豊かさは，九州の近代産業化のみならず日本の近代産業発展の礎となった．しかし，日本の近代化過程のなかで，自然のメカニズムを無視した資源開発や工業開発・土地開発は，自然環境の破壊と公害問題を発生させ，今日においても人びとの生活に影響を与えている．近年，九州地方は資源型の産業から自動車やIC生産など，新たな産業への転換が進んでいる．

　九州・沖縄地方を学ぶことによって，人びとは自然環境とどのように向き合い生活を築いてきたか，さらに環境保全の重要さが持続可能な社会構築につながることを考えることができる．また，九州・沖縄地方は国防最前線に位置し，国土に関する知識と認識が必要な地域である．

　九州・沖縄地方は，地域の今と未来を考える素材にあふれている．

第1節　九州の自然環境と災害

1　九州の地形の特徴

　九州島は日本列島において北海道に次いで第3位の広さをもつ島である．九州の地形は北と南で異なる．北は標高1,000m前後の筑紫山地や丘陵地が連なり，海岸線は複雑である．南には標高1,700m前後の九州山地やいくつもの火山が分布し，海岸線は比較的平滑である．こうした大局的な地形は地体構造（地質の配列）と火山フロントに規定される．

　九州島の地質の第1の特徴は，九州中部を北東～南西方向に複数伸びる構造線が存在することである（図1.1.1）．これらは中部日本から西に伸びる中央構造線の伸びの方向と同じである．各構造線の周辺には活断層が多く分布し，何度も大地震を発生させてきた．2016年4月14日および16日に発生した「2016年熊本地震」も，大分－熊本構造線上の布田川断層および日奈久断層に起因するとされる．地震の規模はマグニチュード6.5，最大震度は7に達して熊本・大分などの住民に甚大な被害を与えた（気象庁「平成28年（2016年）熊本地震について」第38報（http://www.jma.go.jp/jma/index.html），2016年6月29日閲覧）．

　第2の特徴は火山フロントの存在である．火山フロントは，プレートの沈み込みによって海溝から一定の距離を置いて火山が出現する範囲の海溝側の境界線を意味する．すなわち海溝側（九州では火山フロントの東側）には現在活動中の火山がみられない．九州の火山フロントには九重山・阿蘇山・霧島山・桜島など，現在も活発に活動する火山が分布し，地表あるいは地下には巨大なカルデラが連なっている．

　なお以前の教科書にみられた霧島火山帯や白山火山帯といった「火山帯」は，火山が集中している範囲を囲った分布的意味はあるが，火山の成り立ちを説明しているわけではない．環太平洋火山帯といった地球規模の分布の説明に使われることもあるが，日本列島の火山を区分けする用語としてはあまり使われていない．

2　九州の気候

　九州地方は日本列島の南部に位置することから温暖であり，場所によっては亜熱帯的である．しかし，北部と中・南部の気候は若干異なっている．

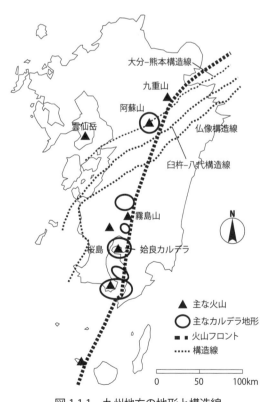

図1.1.1　九州地方の地形と構造線
資料：町田他編（2001），野澤他編（2012）等より作成．

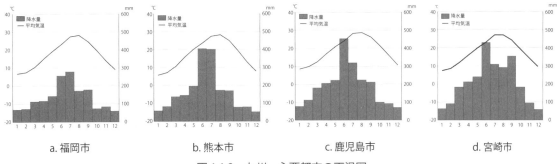

図 1.1.2　九州・主要都市の雨温図
資料：気象庁 HP をもとに作成.

北部は年平均気温がやや低く，日本海に面するため冬の日照時間が短く，降雪もしばしばみられる．年降水量は，福岡市が約 1,600mm であるのに対して宮崎市は 2,000mm を超えており，とくに梅雨期の 6・7 月の降水量が多い．これらは教科書や資料集に掲載されている雨温図について，福岡と鹿児島や宮崎とを比較するとよく理解できる（図 1.1.2）．なお，中部の熊本など山地に囲まれている地域では，猛暑日の出現日数や真冬日の出現日数が増加する傾向があり（野澤ほか 2012），気温の年較差も大きい．また，福岡県では夏に渇水の被害が発生する場合もある．

九州の気候の地域差は，気温や降水量だけでなく，自然災害の頻度にも表れている．表 1.1.1 と表 1.1.2 は，九州地域づくり協議会 HP の九州災害履歴情報データベース（http://saigairireki.qscpua2.com/，2016 年 6 月 2 日閲覧）より，1945〜2012 年までに起こった災害について災害名・災害の種類で分けて集計したものである．

九州で発生した災害の要因は，地震・火山等の地殻変動によるものと，台風・梅雨前線・低気圧などによる気象要因によるものがある．熊本地震や雲仙普賢岳噴火がマスコミで大きく取り上げられた影響で前者の印象が強いが，表 1.1.2 によれば，風水害と土砂災害で種類別延べ災害件数の 75.5％を占め，九州全域では台風と梅雨前線のもたらす豪雨災害が日常化しつつあることを示している．とくに風水害・土砂災害は，長崎から佐

表 1.1.1　九州地方災害名からみた県別件数

	福岡	佐賀	長崎	熊本	大分	宮崎	鹿児島	計
地震	1	2	3	14	32	20	21	93
火山等	-	-	2	4	1	2	5	14
台風	4	3	10	12	14	25	26	94
梅雨前線	7	11	10	8	10	13	29	88
前線	3	3	4	3	4	5	6	28
低気圧	3	2	2	2	2	3	4	18
集中豪雨	1	-	1	2	2	3	-	9
山崩れ等	-	17	4	1	1	5	1	29
少雨	2	-	-	-	-	-	-	2
突風	-	1	-	-	-	-	1	2
計	21	39	36	46	66	78	93	377

資料：九州地域づくり協議会 HP 九州災害履歴情報データベースより作成.

表 1.1.2　九州地方災害の種類からみた県別件数

	福岡	佐賀	長崎	熊本	大分	宮崎	鹿児島	計
地震	1	2	1	11	31	19	16	81
火山災害	-	-	2	11	1	2	6	22
風水害	13	20	23	19	26	42	58	201
土砂災害	11	32	23	18	26	45	58	213
高潮	1	-	4	9	3	3	3	23
津波	-	-	-	1	1	1	1	4
渇水	2	-	-	-	-	-	-	2
強風・竜巻	-	1	-	-	-	-	1	2
計	28	55	53	89	88	112	143	548

資料：九州地域づくり協議会 HP 九州災害履歴情報データベースより作成.

賀，熊本，大分，およびその南の鹿児島，宮崎の各東西方向の線上に多い．台風経路や梅雨前線の移動や停滞の位置に関連があると思われる．これらの災害は気候条件だけでなく，地形・土壌・植生とも深く関係し，台風からの風が山地に衝突して集中豪雨が発生したり，地盤の影響も受けてい

る．土砂災害は，シラス台地の分布する鹿児島・宮崎が多く，次いで山がちな佐賀県で多い．

3　災害と防災教育

ある地域で発生する自然災害は，その地域の自然環境を反映したものである．ここでは，九州の自然を特徴づける巨大カルデラを例に，防災教育の一例を示したい．

九州には，阿蘇山に代表されるカルデラ火山が南北に連なっている．カルデラは阿蘇などの外輪山の地形図学習やカルデラの形成過程のモデル図は教材としてよく扱われている．しかし，問題は巨大噴火活動が始まったときの被害が及ぶ範囲である．図1.1.3に，約9万年前に発生した，阿蘇カルデラから流出したAso-4火砕流の及んだ範囲を示した．九州中部が火砕流に埋められただけでなく，瀬戸内海の北側の山口県にまで達している．同様の巨大カルデラの活動は九州で何度も発生しており，縄文時代には九州南端に接する位置にある鬼界カルデラの噴出物により，九州南部の縄文文化が滅んだといわれている．

こうした分布図などの地球科学的情報を災害教育に活用していくには，教育方法の工夫が必要である．前掲図1.1.1の分布図のような単純なものを使うと，多くの人びとは「自分の地域はカルデラ上にないから大丈夫だ」と考えてしまう．実際の被害をイメージさせるためには，図1.1.3のような分布図が必要であり，さらに過去の災害に関する記事や地図が重要である．これらを防災教育

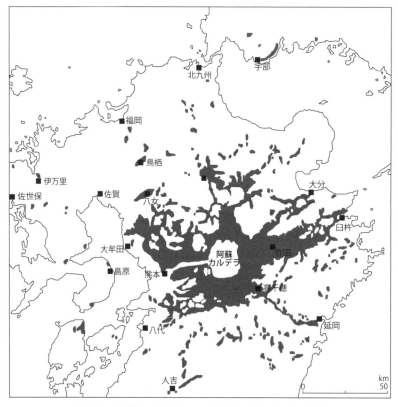

図1.1.3　阿蘇カルデラとカルデラから流出した火砕流
注：約9万年前のAso-4火砕流の範囲．現在の海岸線と主な都市を重ねてみた．
　　噴火当時の海岸線は若干異なっているので，本州の一部にも及んでいる．
　　阿蘇カルデラは何度かこのような火砕流を広範囲に流出させてきた．
資料：町田他編（2001），野澤他編（2012）等より作成．

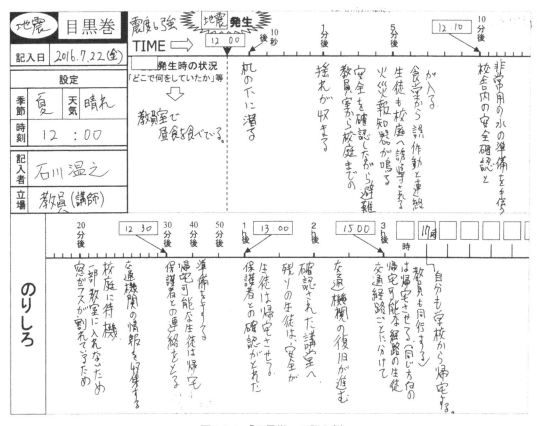

図 1.1.4 「目黒巻」の記入例

に活用し，災害発生時に，自分自身がどう行動すればよいか考え，防災・減災につながるようにすることが重要である．

教育現場において防災教育を実施するにあたり，「目黒巻」をおすすめしたい．これは東京大学の目黒公郎教授が考案した巻物状のシートである．地震などの災害が起こったと想定し，それに対して自分がその時にどこに居てどのような対応をしていくか，そのシミュレーションを書き込んでいくものである（目黒公郎教授研究室 HP, http://risk-mg.iis.u-tokyo.ac.jp/top/top.html,
2016 年 6 月 14 日閲覧）．図 1.1.4 は筆者が目黒巻にしたがって書いたものである．このシートは教員の立場から，災害発生時以降の対応（児童・生徒への指示を含めて）を書き込んでいる．これを書き終わったら教員あるいは生徒に公開し，お互いの立場から確認と違いを発表する．どのように対応すれば被害を最小限に抑えることができるか，減災について考えていく素材とすることができる．

（石川温之）

第2節　沖縄のサンゴ礁と保全

1　沖縄の気候環境とサンゴ礁

　沖縄は日本の南西端にあり，多くの島々が連なる地域である．沖縄への旅行パンフレットをみると，「亜熱帯の島」，「トロピカルアイランド」などのフレーズが用いられることが多い．ケッペンの気候区分によれば，県庁所在地の那覇市がある沖縄島は，本州と同じ温帯気候（Cfa）に属するが，本州に比べると，四季がはっきりせず，年平均気温が高く，気温の年較差が小さい地域である．一方，沖縄島から南西約250kmにある宮古島やその南西の石垣島一帯は最寒月（1月）の気温が18℃を上回り，一年中気温の高い熱帯気候（Af）となる．したがって熱帯と温帯の境界付近に位置する沖縄の気候を"亜熱帯"と表現することは間違いではないといえる．このように熱帯の要素をもつ沖縄では，本州とは異なるサンゴ礁という独特な地形が生み出される．サンゴ礁の発達する沖縄の海岸は，コバルトブルーの深い海域，エメラルドグリーンのサンゴ礁の浅瀬，真っ白な浜辺という鮮やかなコントラストをなし，まさに美ら海という景観をみせる．

2　サンゴ礁の発達条件と分布域

　サンゴ礁はイシサンゴなどの造礁サンゴやそれらの遺骸によってつくられる浅瀬であり，造礁サンゴという生物が長い年月をかけてつくった海底の地形である．造礁サンゴは，炭酸カルシウムを分泌して石灰質の骨格をつくる．イソギンチャクやクラゲの近縁にあたるが，重い骨格をもつため，幼生期をのぞいて，海底に固着した状態で生育する．褐虫藻と呼ばれる単細胞の植物プランクトンを骨格中に取り込み，成長に必要なエネルギーの多くを褐虫藻が行う光合成の産物から得ている．造礁サンゴは，膨大な時間をかけ，石灰質骨格とその破片（遺骸）を海底から海面近くにまで徐々に積みあげて，ほぼ平坦な地形をつくる．この地形がサンゴ礁である．

　サンゴ礁が発達するためには，造礁サンゴの生育が必要条件である．造礁サンゴは，水深20mより浅い海底に固着しながら，活発に上方に生育・成長するため，サンゴ礁の上面は海面付近まで発達することができる．ここで，造礁サンゴの生育条件をまとめてみよう．サンゴ礁をつくる造礁サンゴの生育条件には海水温度が最も大きく関係する．造礁サンゴの生育温度は，一般に18℃以上が必要で，生育適温は23～29℃である．18℃以上の海域では，造礁サンゴの活発な骨格形成・成長（造礁作用）が促され，サンゴ礁が発達することになる．したがって，サンゴ礁の分布域は，最寒月の海水温度が18℃以上を示す海域であり，ほぼ北緯30度から南緯30度までの範囲となる．これが，サンゴ礁が熱帯の地形と呼ばれる大きな理由である．日本のサンゴ礁は，世界のサンゴ礁分布の北限域にあたる．沖縄で発達するサンゴ礁の幅（海岸線からサンゴ礁外縁までの水平距離）の平均値は，石垣島で709m，宮古島で563m，沖縄島で472mと北上するにつれて，発達の規模が次第に小さくなり，ついにはサンゴ礁がみられない海域となる．日本のサンゴ礁の分布の北限は種子島付近である．

3　沖縄のサンゴ礁の特徴と機能

　世界のサンゴ礁は，陸地をふちどるように発達

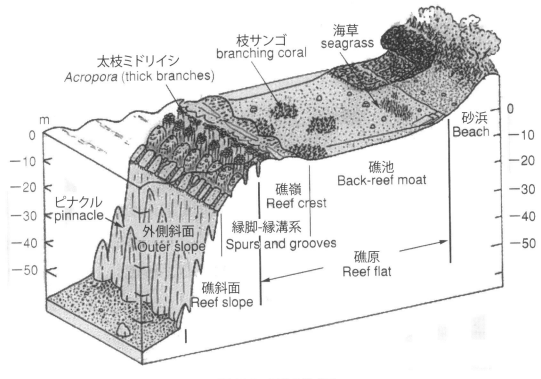

図 1.2.1　裾礁の模式図
資料：『日本のサンゴ礁』2004.

する水深の浅い裾礁，陸地との間に水深が深い礁湖（ラグーン）をもつ堡礁，陸地がなく環状に発達する環礁の3つのタイプに大別される．沖縄のサンゴ礁はほとんどが裾礁である（図 1.2.1）．裾礁という地形は，海岸線から沖に向かって広がる平坦面と，その海側にある急斜面から成り，前者は礁原，後者は礁斜面と呼ばれる．礁原は海側端の礁嶺（沖縄の方言では干瀬）と呼ばれる高まりと，陸側の礁池（方言ではイノー）と呼ばれる深さ2〜3mの浅い凹地とに細分される．礁斜面は，礁原の縁から水深20mまで続く縁脚−縁溝系と呼ばれる起伏の大きい緩傾斜した部分と塔状のピナクルが発達する外側の急斜面で構成される．浅い礁嶺周辺は，外洋からやってきた波が白波を立てて砕け，多くの波浪エネルギーが一挙に消費される場所であり，陸側の礁池は礁嶺という砦で守られた静穏な水域となる．

サンゴ礁海岸には，サンゴ片・貝殻など海生生物起源の物質から成る砂浜がみられることが多い．なぜなら有孔虫殻・貝殻や，台風時の暴浪によって壊された枝サンゴや太枝ミドリイシなどのサンゴ片が海岸線付近に堆積して砂浜がつくられるからである．潮の干満によって海水が出入りする砂浜には，海水中の懸濁物質を濾過し，海水を浄化する機能がある．浜を掘ると，濁った水が観察されることが多いが，これは砂浜に浸透した懸濁物質が蓄積されたものである．サンゴ礁海岸は，このような海中環境の維持システムがはたらき，造礁サンゴをはじめ，魚類，貝類，海草類，甲殻類などの多様な生物が共存可能なサンゴ礁生態系を成立させている．

サンゴ礁はまた，沖縄の人びとの暮らしを支えている（図 1.2.2）．遠浅の地形は外洋の荒波から沿岸域を守る防波堤として機能する．台風時に襲来する暴浪は，急に水深が浅くなる礁嶺で砕波し，海底との摩擦や乱れ等によって多くのエネルギー

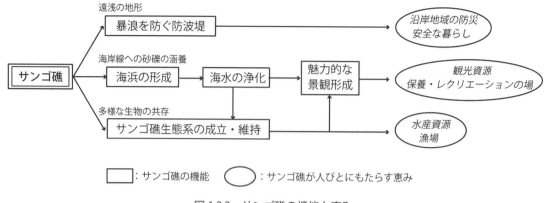

図 1.2.2　サンゴ礁の機能と恵み
筆者作成.

を失いながらサンゴ礁上を進行するため，海岸線に大きな波が到達することはほとんどない．ここで沖縄のサンゴ礁海岸において波が暴浪時にどのくらい遡上するのかをみてみよう．一般に，遡上波の到達高度は，海岸線での波の大きさ（波高）に比例する．図1.2.3は，サンゴ礁幅が75〜2,250mと大きく異なる沖縄島の15海岸を対象として，暴浪時の遡上波到達高度（遡上波が到達する平均海面からの限界高度）とサンゴ礁幅との関係を調べた結果を示している．遡上波到達高度は，サンゴ礁の幅が大きくなるにつれて小さくなる傾向を示し，サンゴ礁の発達程度によって異なることがわかる．これは，広いサンゴ礁ほど海岸線に到達する波の力を弱め，防波堤の効果を発揮している

ことを示唆している．また，サンゴ礁生態系がもたらす豊かな水産資源は漁場として利用され，サンゴ礁生態系が維持される美しい景観は，沖縄にとって大切な観光資源の一つとなり，人びとに精神的な安らぎを与え，県外からの多くの観光客を惹き付ける．そしてサンゴ礁の広がる海はダイビングやシュノーケリングなどを行うレクリエーション（マリンスポーツ）の場を提供する．透明で美しいサンゴ礁空間が維持されていることは，人間とサンゴ礁とが共存できていることの証であるといえよう．

4　サンゴ礁の消滅・劣化問題と保全

最近では沖縄周辺海域におけるサンゴ礁の消滅・劣化が問題となっている．これらの問題をもたらす要因として人為的要因と自然的要因がある．主な人為的要因として，サンゴ礁の埋め立てと陸域からの赤土流出がある．沖縄では，那覇市や石垣市などサンゴ礁が存在する地域に，人口の集中する都市が成立していることが多い．1972年の日本本土復帰後，面積の小さい県土を増やすため，サンゴ礁の埋め立てによる土地造成が盛んに行われた．低コストの埋め立てを可能にする遠浅の地形がサンゴ礁の埋め立てを促進した大きな要因であろう．沖縄県の県土面積増加率（2004

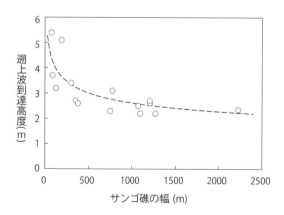

図 1.2.3　暴浪時の遡上波到達高度とサンゴ礁幅との関係　筆者作成.

写真 1.2.1　農地に設置された排水路と沈砂池
撮影：青木久，2005 年．

年）は全国第 2 位であり，埋め立てによる開発が推進されたことがうかがえる．最近では，沖縄島東海岸の名護市辺野古において，サンゴ礁の埋め立てによる新基地建設が計画されており，サンゴ礁の消滅やそれに伴う周辺のサンゴ礁生態系への影響などが心配されている．

　沖縄のサンゴ礁は陸地と接する裾礁であるため，陸域での人間活動の影響を受けやすいところとなっている．サンゴ礁を脅かす陸域からのインパクトとして，海域への赤土（マージと呼ばれる赤色土壌）の流出がある．赤土が広く分布する沖縄島北部地域や石垣島や西表島などでは，パイナップル畑の造成が 1950 年代に開始された．農地開発により植生がはがされて赤土がむき出しになった裸地に，沖縄特有のスコール性の雨が降ることにより，激しい土壌侵食が起こり，赤土が海に流れ出るようになった．造礁サンゴは一度に大量の土砂に覆われてしまうと酸欠状態となり窒息してしまうため，赤土のサンゴ礁上への堆積と海水の汚濁は，造礁サンゴの死滅をもたらす．とくに，サンゴ礁の海を真っ赤に染めるほど大量の赤土が流出するようになったのは本土復帰以後であり，ホテルの建ち並ぶリゾート地などの開発工事，土地改良事業などの公共事業や米軍の実弾演習などによる影響が大きいといわれている．沖縄県は，1994 年に「沖縄県赤土等流出防止条例」を制定し，排水路や沈砂池の設置（写真 1.2.1）などの流出防止対策をしているものの，依然として農地からの海域への流出は激しく，大きな課題となっている．

　自然的要因として，造礁サンゴの天敵であるオニヒトデの大量発生による食害や急激な海水温上昇による造礁サンゴの白化現象がある．オニヒトデの大量発生については，その原因・メカニズムが解明できていないため，抜本的な駆除方法が確立されておらず，人手による地道な駆除活動に頼らざるを得ない状況にある．白化現象に関しては地球温暖化というグローバルな気候変動が関係していると考えられており，沖縄という地域のみで解決策をみつけることは難しい．

　このように陸域における開発という人間の諸活動が，サンゴ礁生態系の破壊に与えた影響は大きい．美しいサンゴ礁景観の損失は，今後さらに沖縄の観光産業や水産業に大きな影響をもたらすと懸念されている．サンゴ礁の保全という課題は，サンゴ礁のもつさまざまな機能の重要性を理解し，人間とサンゴ礁生態系の調和ある持続的な共存関係を築くという観点から議論することが基本である．サンゴ礁海域と陸域とを切り離さずに一体となったシステムとしてみなし，サンゴ礁がもつ資源と人間の需要とのバランスを考えながら，サンゴ礁生態系が再生・維持されるように取り組むことが必要であろう．

（青木　久）

第3節　沖縄の観光と世界遺産

1　沖縄（琉球）の観光地化

　沖縄県は，日本列島南部の南西諸島に属する沖縄諸島，大東諸島，先島諸島（石垣島，宮古諸島，尖閣諸島）など，有人・無人の多数の島々からなり，南は東南アジア，台湾，西は中国，北は朝鮮半島，奄美大島，日本本土との中間的位置にある．琉球王国時代には中継交易地としてアジア各地の文化が流入し，その亜熱帯海洋性気候に特徴づけられた自然環境と相まって独特の地域文化を形成してきた．また，明治期における琉球処分から第二次世界大戦における本土防衛の最前線にあったという現代史がある．

　第二次世界大戦後，米軍の占領下にあったこと，本土からの距離と島嶼部という地理的位置，近代工業的基盤の脆弱さ，農産品も市場の狭さなどによって沖縄経済は停滞していた．1972年の本土復帰以降も沖縄振興のための予算配分と米軍・自衛隊の軍関係受取収入（基地サービス，基地賃借料など）へ依存する比率が高く，これらの収入は現在でも県民総所得の10％余りを占めている（2012年）．そのため沖縄の豊かな地域資源を活用した観光産業の成長は，沖縄経済の自立に向けた取り組みとして期待された．それは観光産業が直接的な宿泊および観光施設収入ばかりでなく，飲食・小売業，運輸業，農業・製造業とも関係し，地域経済に与える波及効果が大きいからである．

　沖縄の観光は本土復帰と1975年の海洋博開催を契機に本格化するが，1980年代後半まで観光客数は伸び悩んでいた．しかし，航空会社の"沖縄キャンペーン"，首里城の復元と首里城公園整備（1989～1992年），沖縄民謡・音楽の普及，NHKの朝ドラ「ちゅらさん」（2001年放映）などによって，本土とは異なる沖縄（琉球）の文化

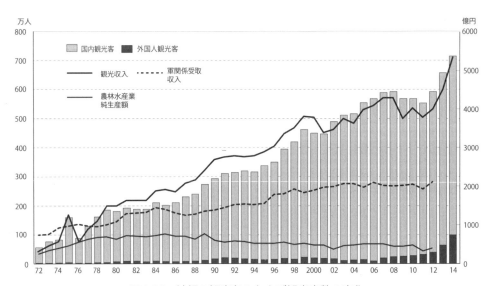

図1.3.1　沖縄の観光収入および観光客数の変化
出典：沖縄県『観光要覧』2015年，沖縄県知事公室基地対策課『沖縄の米軍および自衛隊基地（統計資料）』2015年．

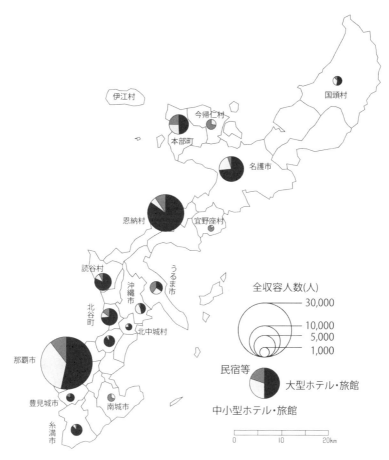

図 1.3.2 沖縄本島の宿泊施設別収容人数の分布
注：収容人数 500 人以上の市町村．
資料：沖縄県『観光要覧』2015 年．

が注目され，沖縄ブームがおきた．1990 年代半ば以降，沖縄の観光客数，観光収入は，東日本大震災時（2011 年）に減少したものの，全体として増加傾向を示した．2014 年の観光客数は 717 万人，観光収入は 5,342 億円と過去最高となった．沖縄の観光発展は，沖縄本島ばかりでなく，八重山＜石垣等＞（2014 年観光客数，113 万人），宮古（同 43 万人），久米島（同 9 万人）など離島にも及んでいる．沖縄への観光客は多様な属性をもつ人びとによって構成される．そのうち，中学・高校生の修学旅行数は，2014 年に 45 万人（6.3％），また，近年のアジア諸国に対するビザの緩和などによる外国人客も 99 万人（13.9％）となり，観光客数の増加に大きく寄与している（図 1.3.1）．

観光客を受入れる宿泊施設は，2014 年にホテル・旅館 356 軒，民宿 1,149 軒，団体経営施設・ユースホテル（36 軒）を数える．しかし，宿泊収容人数においてはホテル・旅館の割合が 77.7％を占め，とくに 300 人以上の大型ホテル・旅館は施設数では 81 軒（5.2％）にすぎないが，収容人数では 52.1％を占め，沖縄観光における宿泊施設の主流となっている．沖縄本島における宿泊施設は，中心都市である那覇市に最も多く集中し，次いで本部町，恩納村，今帰仁村，うるま市，名護市，読谷村の順である．しかし，収容人数では大型ホテルが立地する那覇市，恩納村，名護市，本部町，読谷村，北谷町の順となる（図 1.3.2）．

写真 1.3.1　世界遺産（左：首里城　中：今帰仁城　右：斎場御嶽）
撮影：上野和彦，2016 年 1 月．

沖縄本島西海岸地域は，総合保養地域整備法（リゾート法，1987 年）の施行によって美しいビーチをもつリゾートホテルの建設が進み，これらは名護市南部から恩納村，読谷村への集中度が高い．第 26 回主要国首脳会議（2000 年）も名護市西南部のリゾートホテルを会場として開催された．

2　沖縄の観光資源と世界遺産

沖縄県『観光統計実態調査』（2014 年）によると，沖縄を訪れる観光客の活動内容は，観光地めぐり，沖縄料理を楽しむ，ショッピング，マリンスポーツ（含ダイビング），保養・休養，戦跡地参拝，伝統工芸・芸能体験が上位を占めている．これらを含めて広く沖縄の観光資源を分類すると，(1) 豊かな自然環境－亜熱帯海洋性の植生，動物，地形（含珊瑚礁）など，(2) 歴史と文化－琉球王国時代の遺跡・史跡，民俗・芸能，食文化，現代史にみる史跡・戦跡・基地景観など，(3) 新旧の工芸産業－紅型，琉球漆器，伝統織物，琉球ガラス，ウージ染等，(4) その他，である．

沖縄における観光資源に共通する特徴は，自然環境・歴史・文化における特異性とメッセージ性にある．沖縄の景観は歴史と文化，そのなかで生きる人びとの想いが埋め込まれている．観光客は，観光地をめぐりながら，そのなかに沖縄の魅力を発見し，感じている．

その具体的表象の 1 つが 2000 年国際連合教育科学文化機関（UNESCO）の世界遺産（文化遺産）に登録された「琉球王国のグスク及び関連遺産群」である（写真 1.3.1）．世界遺産登録の概要については，UNESCO の HP（http://whc.unesco.org/en/list/972/）に「統一を達成し，中国，韓国，東南アジアと日本との仲介貿易で大きな役割を演じた 14 世紀後半から 18 世紀末の間の，琉球王国の特徴を表す文化遺産群．グスクと呼ばれる城塞建築が集中する沖縄本島中部を中心に，国頭から島尻にかけての次の 9 遺産が登録された．今帰仁城跡（今帰仁村），座喜味城跡（読谷村），勝連城跡（うるま市），中城城跡（中城町），首里城跡（那覇市），園比屋武御嶽石門（那覇市），玉陵（那覇市），識名園（那覇市），斎場御嶽（南城市）で，重要文化財 2 棟，史跡 7，特別名勝 1 が含まれている．」（市町村は筆者付加）とある．

グスクの世界遺産登録の意義として，次の点があげられる．第 1 に「グスク」が琉球の歴史を物語り，広く日本・朝鮮・中国・東南アジアとの交流の中で独自の文化を形成した中心であったこと，第 2 は，グスクあるいはグスク内の特定の場である御嶽が，自然・祖先崇拝的な琉球独自の信仰の対象であり，今日においても礼拝を続ける人びとがおり，文化的伝統が継承されていること，第 3 は「グスク及び関連遺産群」そのものが琉球王国の歴史的建造物として考古学的（建築学的）にも貴重な存在である．グスク群は現在も発掘調査と復元作業が進行している．

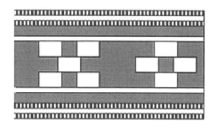

図 1.3.3 沖縄織物の絣模様
注：上の3つはやや自然的なもの，下は「五」と「四」，「ヤシラミ（ムカデの足）」の絣を組み合わせて，「いつの世までも，足しげく私のもとに通って下さい」という意味がある．

グスク関連遺産のなかで斎場御嶽は，沖縄の精神世界を象徴する文化遺産である．沖縄の各村落内には，樹木が繁り，こんもりした森になっている空間が存在し，そこは御嶽と呼ばれ，琉球の精神文化を象徴する場所となっている．斎場御嶽は，琉球開闢神や穀物起源神話の場となり，国家の権威を与える空間として聖域化している．本来はノロによる祈りの場であり，男子禁制の空間である．写真 1.3.1 の右は斎場御嶽を代表する景観であり，大きな岩の割れ目の先の空間に，久高島遙拝所がある．そこから見える久高島は，琉球神話における聖地の島であり，ニライカナイにつながる場でもある．御嶽や拝所はグスクや村のなかに点在するが，よく観察し，地域の人びとの話に耳を傾けないとわからない．

沖縄の精神性は，世界遺産ばかりでなく伝統織物の世界にも表れている．織物の文様には人びとの自然や生活環境に対する畏敬や親しみ（絣図案等），他者への想い（読谷の「祈りのティサージ」・八重山ミンサー細帯の五四絣模様など）には，人びとの「世界観」とメッセージが表れている（図 1.3.3）．また，琉球王朝における衣服は社会的地位や階層性を示している．沖縄の伝統工芸産業を訪ねる観光も沖縄の歴史と民俗・文化を知る手かがりとなる．

沖縄は，世界遺産のような歴史・文化性と海洋・環境・リゾートなどを楽しむ近代性の2つの側面がある．さらに，第二次世界大戦から今日までの現代史を加えれば，戦争の悲劇を突きつける戦跡（ひめゆりの塔，平和記念公園，嘉数台公園等）や基地の県内分布図を片手に沖縄の課題である軍事基地（普天間，嘉手納等）を見るのも現代観光の1つである（写真 1.3.2）．

（上野和彦）

写真 1.3.2　嘉数台公園から見た普天間基地
撮影：上野和彦，2017年1月．

第4節　八幡製鉄所と筑豊・三池炭鉱

1　石炭産業の盛衰

(1) 筑豊

筑豊炭田の歴史が世界に注目され，2011年5月，山本作兵衛氏の589点の絵画と108点の日記などが，日本で初めて「世界記憶遺産」に登録された．炭坑の有り様と，そこで働く男女の生き様が語られた数々の記録画は見る者の多くを圧倒した．

九州の石炭産業が一産業として確立されたのは，安政開国前後，船舶焚火料市場が開かれ，幕府及び諸般の軍事用市場としても重要となってからである．この当時の九州での採掘量は筑豊6万t，唐津12万t，そのほか肥前（北松浦，西彼杵，杵島）6万t，三池6万tの合計30万tで全国の約75％を占めた．その後，明治維新を経て日本の近代化が進むにつれて石炭の採掘量は急増する．明治20年から30年代にかけては，炭坑への大規模機械の導入によって，筑豊では1887年には36万tであった採掘量が，1893年に126万t，1897年に274万tと飛躍的に増加し，1902年には528万tと全国の54.4％を占めるまでになった（表1.4.1）．九州全域でみると，当時の採掘量は，全国の約80％に及んだ．すなわち，明治中期から後期にかけて，九州，なかでも筑豊は，日本の石炭供給地として絶対的な地位を誇ったのである．

大正期から昭和初期にかけては，九州以外の石狩，釧路，常磐，宇部などの全国各地の炭田での開発が進むなかにあって，採掘量は増加を続け，1941年に1,932.7万tにまで達した．戦中は採掘量が急減するが，戦後間もない時期は傾斜生産方式や朝鮮戦争特需によって，1951年に1,443.9万tと戦前のピークの74％にまで回復した．しかし，筑豊の炭坑は戦中期の乱掘，設備の老朽化，さらにはガスが発生しやすいなど炭層の状況などもあって他の炭坑に先駆けて生産効率が低下し，急激な衰退過程をたどった．1976年，貝島炭鉱の閉山を最後に筑豊から炭坑は完全に消えたのである．

(2) 三池

三池とは大牟田郡を含む郡名のことであり，三池炭鉱とは大牟田市，柳川市，三池郡高田町（現みやま市），山門郡大和町（現柳川市），熊本県荒尾市と有明海底に広がる日本最大規模の炭田を基盤とする炭鉱の総称である．三池炭鉱は1873年に官営となり，三池藩・柳川藩双方の管轄する炭坑，1876年の大浦炭坑をはじめ，七浦，勝立，宮浦などの各坑が開かれた（写真1.4.1）．官営三

表1.4.1　筑豊における出炭量の推移

年	筑豊	全国	筑豊の対全国比
1882（M15）年	190	937	20.3
1887（M20）年	355	1,683	21.1
1893（M26）年	1,255	3,319	37.8
1897（M30）年	2,735	5,188	52.7
1902（M35）年	5,279	9,702	54.4
1912（T元）年	10,541	19,640	53.7
1916（T5）年	11,481	22,902	50.1
1821（T10）年	12,999	26,221	49.6
1926（S元）年	15,178	31,427	48.3
1941（S16）年	19,327	55,602	34.8
1944（S19）年	15,935	49,335	32.3
1945（S20）年	7,177	22,335	32.1
1948（S23）年	11,143	34,793	32
1951（S26）年	14,439	46,490	31.1
1954（S29）年	12,769	42,912	29.8

出典：城戸宏史（2012）九州地方の地域性．野澤秀樹・堂前亮平・手塚 章編（2012）『日本の地誌10 九州・沖縄』朝倉書店．

写真 1.4.1　旧三池炭鉱万田坑道
撮影：松下直樹，2016 年 8 月．

池炭鉱では，1930 年まで囚人労働，服役者労働が採用されていたが，こうした労働形態が廃止されて以後は，第二次世界大戦終結まで，朝鮮半島や中国大陸から強制連行された多くの人びとの過酷な労働によって支えられていた．

　1889 年，三池炭鉱は三井へ払い下げられ，本格的な近代経営が行われるようになった．新たに，宮原，万田，四山，新宮浦，三川，新四山の各坑が開かれ，1973 年には日鉄鉱業有明坑が三井傘下に加えられた．鉱工業の展開を支える形で明治中期から，九州鉄道（現 JR）や運炭鉄道の敷設・開通，発電所の開設，三池港の開港などインフラ整備が進められた．また，炭鉱労働者用の一大社宅群が，四山地区には県境を越える形で築かれた．これらを基盤として，大正から昭和中期にかけてアジア最大級の石炭化学コンビナートが形成された．

　第二次世界大戦中，日本有数の軍需産業都市であった大牟田市一帯は，米軍による空襲を受け，壊滅的な状況となったが，戦後，石炭・鉄鋼部門に重点をおいた傾斜生産政策が開始され，朝鮮戦争による特需を経て，急速な復興を遂げた．しかし，昭和 30 年代以降，エネルギー革命や安価な石炭輸入のあおりを受け，石炭産業は急速に落ち込んでいった．炭坑は縮小・合理化され，採掘量も激減した．1997 年には，三井石炭鉱業三池鉱業所は閉山を余儀なくされ，大牟田市を支えた石炭産業は，その歴史に幕を下ろしたのである．

2　八幡製鉄所

　1901 年，明治政府の近代国家建設に不可欠な鉄鋼の国産化という国策にもとづき，筑豊炭田に近く，中国からの鉄鉱石の輸入の便も良いということから，当時，洞海湾沿いの小漁村にしか過ぎなかった福岡県遠賀郡八幡村（現在の北九州市八幡東区）に，日本初の官営八幡製鉄所（現在の日本製鉄八幡製鉄所）が操業を開始した．

　湾岸の埋立地に建設された八幡製鉄所の粗鋼生産量は，設置当時，全国の 40％を占めた．その後も筑豊の豊富な石炭と港湾施設の十分な活用により拡大を続け，1926 年に 79％に及んだ．その後も 1936 年に 67％，戦後直後の 1946 年でさえ 53％を占めた．約半世紀にわたって北九州工業地帯，ひいては日本の製鉄業の中核であり続けたのである．戦後，政府の傾斜生産政策を背景とした技術革新によって，八幡製鉄所の粗鋼生産量はさらなる拡大を続け，1967 年に 916 万 6,000t とピークを迎えた．これは戦前のピークの 1941 年の 246 万 5,000t の 3.5 倍近い量であった（図 1.4.1）．洞海湾の埋め立てが続くなか，八幡製鉄所には銑鋼一貫型の高炉が，八幡構区内の内陸部にあたる東田と臨海部の洞岡，そして戸畑構区内に数基ずつ建設されてきた．東田は操業開始から，洞岡は大正期半ば，戸畑は昭和期以降に工場建設，拡大化が進められた．戦前は 12 基（1938～1945 年），戦後は 11 基（1962・1965 年）が最大稼働数であった（図 1.4.1）．このほかにも製鉄関連の様々な工場が集積したことで，周辺には従業員の住宅をはじめ工場関係者の福利厚生施設や病院なども数多く建設され，工場の前面に発達した市街地は，小倉とともに北九州の中心街にまで成長した．

　しかしながら 1960 年代後半になると，古くか

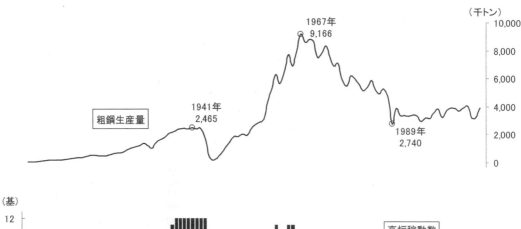
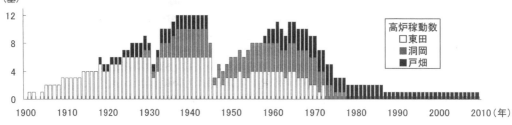

図 1.4.1　八幡製鉄所の生産状況（粗鋼生産量，高炉稼働数の変遷（1901～2010 年））
出典：山本理佳（2013）『「近代化遺産」にみる国家と地域の関係性』古今書院.

ら稼働し生産設備の老朽化が進んでいたことや，1970 年に洞海湾の埋め立て・築港事業がほぼ完了したことで，新たに工場を誘致するための土地が限られたため，八幡構区から合理化および縮小が図られ，産業の中心は戸畑や若松の沖合に造成された埋立地へと移っていった．以後，1978 年には東田，洞岡ともにすべての高炉が稼働停止となり，八幡構区では銑鉄生産がなされなくなった．戸畑でさえも 1970 年代後半には 2 基体制となり，この頃生産量は 500 万 t とピーク時から半減した．さらに 1987 年に決定された徹底した合理化と多角経営を基本とする新日鉄の第 1 次中期経営計画により，八幡製鉄所の稼働規模は大きく縮小され，以降戸畑構区での高炉 1 基のみの稼働体制となった．すなわち，1960 年代以前に発足・操業開始した製鉄所では多くが稼働高炉ゼロか減じられたことになる．粗鋼生産量は，1989 年には 274 万 t とピーク時の 3 分の 1 以下に落ち込み，以降は 300～400 万 t の生産量が維持された（図 1.4.1）．

以上のように，戦後，堺や君津など全国各地に最新鋭の工場が建設されるなかで，1960 年代のエネルギー革命，1970 年代のオイルショック，鉄鋼不況，さらには 1980 年代半ばの円高不況のあおりを受けて，八幡製鉄所を中心とする九州の製鉄業は相対的な地位を低下させていくこととなる．結果として，九州の製鉄業の国内シェアは 1960 年の 25％から 1980 年代末には 12.5％にまで低下したのである．

3　近代化遺産としての産業施設

炭鉱の閉山は，多数の失業者を発生させ，炭鉱都市の衰退をもたらした．依然として炭鉱都市の活性化が深刻な課題となるなか，閉山に伴い産炭地域では跡地を工業団地として造成し，工場の誘致をはじめテーマパークの開園や新分野の育成など，様々な地域振興が施されている．八幡製鉄所についても，1990 年に新日鉄は，閉鎖された工場跡地の有効利用と新たな経営展開を目指して，

第4節　八幡製鉄所と筑豊・三池炭鉱　　17

写真 1.4.2　左：官営八幡製鐵所旧本事務所，右：東田第一高炉
出典：（左）北九州市世界遺産課提供．
　　　（右）北九州市ホームページ（http://www.city.kitakyushu.lg.jp/shimin/02100262.html）．

表 1.4.2　明治日本の産業革命遺産構成資産（1850 年代～1910 年）

釜石（1）		橋野鉄鉱山・高炉跡
韮山（1）		韮山反射炉
萩　（5）		萩反射炉，美須ケ鼻造船所跡，大板山たたら製鉄遺跡，萩城下町，松下村塾
八幡（2）		官営八幡製鉄所（八幡製鐵所旧本事務所 *，八幡製鐵所修繕工場 *，八幡製鐵所旧鍛冶工場 *），遠賀川水源地ポンプ室 *
佐賀（1）		三重津海軍所跡
長崎（8）		小菅修船場跡，三菱長崎造船所第三船渠 *，三菱長崎造船所ジャイアント・カンチレバークレーン *，三菱長崎造船所旧木型場，三菱長崎造船所占勝閣 *，高島炭鉱端島炭鉱，旧グラバー住宅
三池（2）		三池炭鉱・三池港（三池炭鉱宮原坑，三池炭鉱万田坑，三池炭鉱専用鉄道敷跡，三池港），三角西（旧）港
鹿児島（3）		旧集成館（旧集成館反射炉跡，旧集成館機械工場，旧鹿児島紡績所技師館），寺山炭窯跡関，吉の疎水溝

注：* 印は非公開．
資料：明治日本の産業革命遺産（http://www.japansmeijiindustrialrevolution.com/site/）．

日本初の宇宙をテーマとした「スペースワールド」を開園した．当初はNASAの協力による宇宙訓練の疑似体験などの学習的要素を全面に出して営業していたが，現在は遊園地的な性格を強め，訪問客で賑わいをみせている（2017年12月31日閉園）．

近年，八幡製鉄所をはじめ様々な産業施設に対する近代化遺産としての価値が見出され，見直され始めている．例えば1989年，八幡製鉄所の創業開始を担った高炉である東田第一高炉の存廃論議が勃発したが，所有者である新日鉄の取り壊し方針に対して，地域住民をはじめとする人びとの反対運動が起こり，5年に及ぶ議論を経て，その価値が認められ，1994年に保存が決定された．

その後，1995年に市への寄付が決定し，公園として整備がなされ，1999年に一般公開となった．

操業開始年である「1901」のプレートの付いた日本初の近代溶鉱炉である東田第一高炉をはじめとする八幡製鉄所関連施設（写真1.4.2）は，その近代化遺産としての価値が世界的にも評価され，2015年7月には，「明治日本の産業革命遺産　製鉄・製鋼・造船，石炭産業」の構成資産の1つとして「世界文化遺産」に登録された（表1.4.2）．地域の歴史や近代化遺産への関心が高まり，多くの観光客が国内外から訪れることが期待されている．

（松下直樹）

第5節　九州工業地域の変化

1　九州工業の発展と変容

　九州における工業生産の中心は時代とともに変化してきた．明治期から昭和の高度経済成長期まで，八幡製鉄所（現在，日本製鉄八幡製鉄所）に代表される基礎素材型産業であった．それは筑豊炭田や三池炭鉱などで採掘された「黒いダイヤ」（石炭）を利用した「産業のコメ」（鉄）の生産であり，日本工業を牽引してきた．しかし，高度成長期の終焉と新たな産業転換が始まり，多様な工業が展開した．

　九州の製造品出荷額等は1975年7.5兆円であったが，半導体（IC）産業の成長によって1990年代には約20兆円と著しい増加をみた．その後出荷額はやや停滞傾向にあったが，自動車産業の立地・集積によって2009年に23.2兆円となり，2014年出荷額は22.2兆円，対全国比7.3％を占める．この値は8地方別にみると関東，中部，近畿，中国に次ぐ第5位と中位にある．

　九州7県（沖縄県を除く）における製造品出荷額等（2014年）は福岡県が最大で，次いで大分県，熊本県である．一方，宮崎県・鹿児島県の出荷額は小さく，工業生産活動は九州北部地域にやや偏って分布している．各県の製造品出荷額等の構成をみると，九州北部地域は基礎素材型産業と加工組立産業の割合が高く，後者は生活関連型産業の割合が高い（図1.5.1）．

　福岡県はかつて八幡製鉄（現在，日本製鉄八幡製鉄所）を中核とする重化学工業地域として発展し四大工業地帯の一角を形成していた．現在においても鉄鋼業は出荷額の10.7％を占めているが，トヨタ，日産の自動車組立およびエンジン工場と関連工場の集積が進んだ結果，輸送用機械工業出荷額が28.7％を占めるなど，加工組立型工業への転換が進行している．

　一方，大分県は1960年代，石油・電力・造船・鉄鋼などの企業が立地し，大分臨海工業地域を形成した．その後，TI（テキサスインストルメンツ）などの半導体産業，キヤノンや東芝といった電子・精密機器メーカー，ダイハツおよび自動車部品工業の立地が進展し，輸送用機械が出荷額の11.9％，電子部品・デバイスが6.0％を占め，工業構造の転換が進行しつつある．それでも世界最大の高炉をもつ日本製鉄大分製鉄所をはじめ，日鉄ケミカル＆マテリアル，住友化学，昭和電工などの化学工場が集積するなど，基礎素材型工業の割合が大きく出荷額の62.7％を占める．

　これら九州北部と対照的に南九州の宮崎県，鹿児島県は，近年電子部品・デバイス産業の割合を高めているものの，生活関連型産業の割合が高く，とくに鹿児島県は食料品，飲料・たばこ・飼料の業種で出荷額の55.3％を占め，農業県としての工業化の特徴を示している．

2　半導体産業の展開

　九州の加工組立型産業の展開は，1960年代後半における半導体（IC）産業の立地から始まる．半導体産業は前工程が装置型であるが，後工程はどちらかといえば労働集約的産業である．そのためシリコン洗浄用水と一定の工場用地が確保され，労働力が確保できる九州が適地として選定され，テクノポリス法などの政策も後押しした．半導体工場は1967年に三菱電機IC工場（熊本県合志市，1967）の設立に始まり，日本電気，テキサス・インスツルメンツ（T.I），東芝など大手

第5節　九州工業地域の変化　19

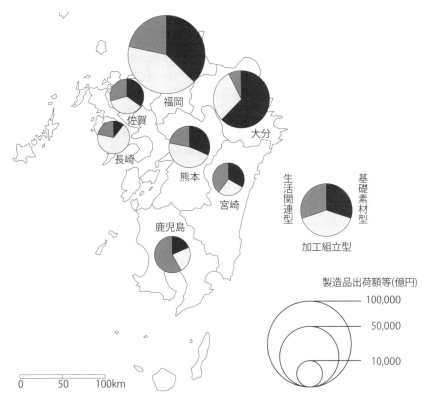

図 1.5.1　九州各県の工業構成

注：1) 従事者4人以上事業所，秘匿データを除く．
2) 産業類型は経済産業省定義による．
基礎素材型：化学，鉄鋼，金属，窯業・土石，木材・木製品，プラスチック，ゴム，パルプ・紙・紙製品，石油・石炭製品，非鉄金属
加工組立型：電機，情報・通信機械，電子部品・デバイス，輸送用機械，生産用機械，はん用機械，業務用機械
生活関連型：食料品，飲料・たばこ・飼料，印刷，家具・装備品，繊維，なめし革，その他
資料：『工業統計』．

半導体メーカーの工場が進出し，関連企業が集積した．1990年代には，全国の生産の4割を占めるほど工場が集積し，九州はシリコンアイランド（島）と呼ばれるようになった．

しかし，半導体産業は，絶え間ない微細化技術開発と競争，新興国メーカーの量産化による価格低下に悩まされることになり，日本の半導体メーカーは合従連衡や生産の選択と集中を進めた．

九州の半導体産業も2009年以降生産金額を低下させている．それはロジック等の受注低下によるものである．しかし，イメージセンサー，パワー半導体，マイコンなどの受注が増加し，半導体産業を支えている．とくにCCD等は生産額の41.9％を占め，ロジック（28.2％）に代わって半導体産業の主たる品種となった．九州経済調査会の資料によれば，半導体関連企業は2015年に892を数えるが，そのうち福岡県が391，熊本県176，大分県109と3県で75.6％を占める．2014年現在，ソニー（鹿児島，大分，長崎，熊本），三菱電機（福岡，熊本），東芝（大分），日本電気（熊本，大分），旭化成（宮崎），ルネサス（熊本），豊田合成（佐賀），ローム・アポロ（福岡），ラピス（沖電気．宮崎）など，半導体デバイス企業は経営組織を変更しながら立地継続している．半導体産業は自動車産業とともに九州の工業生産を支える柱となっている（図1.5.2）．

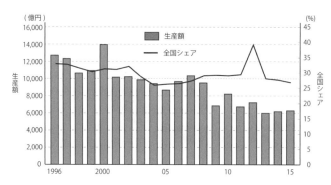

図 1.5.2　九州における半導体生産の推移
出典：九州経済産業局『九州経済の現状』2016 年冬.

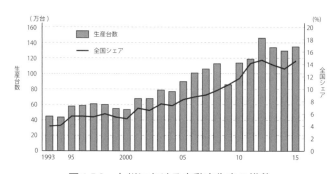

図 1.5.3　九州における自動車生産の推移
出典：九州経済産業局『九州経済の現状』2016 年冬等.

3　九州の自動車産業

　九州は，日産自動車九州，日産車体九州，トヨタ自動車九州，ダイハツ九州の完成車工場が立地し，年間 150 万台以上の生産能力をもつ「カーアイランド」である．九州の自動車生産は 2005 年に 100 万台を突破し，2015 年においては 130 万台を生産している（図 1.5.3）．

　九州における自動車生産は，1975 年福岡県苅田町に日産自動車九州工場が立地したことから始まる．同時に系列の 1 次部品メーカーの進出が続いた．1992 年には福岡県宮田町（現宮若市）でトヨタ自動車九州が生産を開始した．この背景には筑豊炭田閉山後に余剰人員を労働力として抱えた宮田町による工業団地造成と積極的な企業誘致があった．その後も日産，トヨタ，ダイハツによる工場立地が続き，同時に 1 次部品メーカーの立地を促した．1 次部品メーカーの大半は九州域外からの進出であるが，これらと受発注関係にある 2 次・3 次部品メーカーは地元企業が多く，その取引は系列を超えて行われている．近年，地元部品メーカーは，他地域との部品メーカーと競合ばかりでなく，中国や韓国など海外メーカーとの競争に晒されている．それは日産が海外とのコスト競争の最前線に立つ東アジアの拠点組立工場として位置づけ，国内のみならず韓国や中国からの部品調達率も増やしているからである．

4　九州の工業立地と交通体系

　九州への日産，トヨタの進出は，労働力・技術者の獲得，工場用地の存在，生産拠点分散によるリスク回避などが背景にあげられるが，実際の工業分布をみると港湾と高速自動車道の整備も大き

図1.5.4 九州における自動車工場の立地
資料：九州経済産業局『九州経済の現状』2016年冬より作成.

な要因である．

　九州を南北と東西にクロスロード化した高速道路と港湾整備は，完成車の迅速な船積み輸送を可能にした．かつて石炭積出港だった苅田港は，福岡県が埋立て造成を進め，国際貿易港として開港した．この造成地に，日産自動車と日産車体が進出した．日産九州工場内に専用埠頭が開設されている．瀬戸内海に面した中津港も機能強化が進められ，ダイハツ九州大分工場の操業開始で大型船に対応できる港湾（2009年，国際貿易港）となった．これら重要港湾のすぐ西側に東九州自動車道が走り，沿線に関連工場が立地している．九州自動車道の周辺にはトヨタの主力組立工事用と部品工場，九州自動車道を南下すると，九州横断自動車道（大分自動車道）と交差する鳥栖JCT周辺にダイハツが立地し，西の長崎自動車道沿線にも部品工場の立地がみられる（図1.5.4）．

　一方，半導体産業関連企業の立地も自動車工場立地同様，九州自動車道および長崎道の沿線地域への立地が顕著である．

　こうした交通体系の整備は国内のみならず，対馬海峡を越えると韓国，さらに中国大連，上海との結合を予測させる．

　2011年に福岡県，北九州市，福岡市による「東アジア海上高速グリーン物流網と拠点の形成」（グリーンアジア国際戦略総合特区事業）は，博多港や北九州港と韓国の釜山，中国の上海などを国際RORO船（貨物を積載したトラックが自走して本船に乗船できる貨物船）でつなぎ，国際物流の実現を目指している．日韓両国のナンバープレートを付けたトラックが，荷物を積んだまま通関手続きを済ませ，相互乗り入れにより，国際物流のシームレス化を図るものである．また，上海－福岡間の輸送が1日で可能となり，航空輸送での時間距離と匹敵し，しかも輸送コストの削減が可能という．こうした国際交通体系の変化は今後九州の半導体産業，自動車産業の地域的生産体系に影響を与えるものと思われる．

（森山隆裕）

第6節　南九州の畜産業

1　食肉供給基地の形成－家畜から畜産へ

　九州南部に位置する鹿児島県は，台風や集中豪雨などの自然災害が多く，水はけの悪い火山性堆積物のシラスの広汎な分布，さらに大都市（消費地）から遠隔に位置しているという不利的な地理的条件をもつ．一方，温暖な気候と広大な畑地をいかして肉用牛や豚，ブロイラー（肉用鶏）などの畜産業，サツマイモや茶などの畑作農業が行われ，日本有数の農業生産規模を誇っている．

　鹿児島県の農業産出額は，2014年に4,263億円と北海道に次いで高く，また，畜産業が耕種農業（米や野菜，果実，花き，工芸作物など）を上回っていることが特徴である．2014年の農業産出額のうち耕種農業1,476億円に対し，畜産業は2,710億円（うち肉用牛が959億円，豚が763億円，鶏が880億円）と産出額の63.6%を占める．肉用牛・豚・鶏の産出額はいずれも全国第1位で，畜産業は鹿児島県の基幹産業として地域経済を支えている．

　鹿児島県の畜産業は1950年代まで，牛は農耕用の役用牛（役肉兼用）として，豚は残飯，焼酎工場や精米所などから生ずる副産物をエサとして農家の片隅で飼育されていた．それが高度経済成長期以降，農業の機械化の進展による役用牛の需要が激減し，また，国民の食生活の変化に伴う食肉需要の急増によって鹿児島の畜産業は転機を迎えた．

　1960年代，農業基本法の選択的拡大政策の下で，鹿児島県は独自の畜産振興事業も実施し，飼養技術の向上，畜産市場や屠畜場，食肉加工施設の整備などを行った．また，県や市町村，JA，畜産試験場，生産者などが連携し，肉用牛や豚，ブロイラーの育種・品質改良を繰り返し行ってきた．1960年代末に三菱商事が宮崎県や鹿児島県の畜産部門に進出し，1969年に日本ハムなどとの合弁で鹿児島県に「ジャパンファーム」を設立した．これを契機に，大手商社や量販店，食肉加工資本などが南九州の畜産部門に参入して，生産・加工・流通のインテグレーション（垂直統合）を進めた．これに対抗するため，県の経済連や農協もさらなる畜産事業の強化に努めるようになった．この結果，1970年代から鹿児島県の畜産業は急速に発展し，1972年からの国による畜産基地建設調査事業によって鹿児島県は日本の食肉供給基地として位置づけられ，国内産地においても畜産産地の地位を高めていった．

2　食肉生産とその地理的分布

（1）肉用牛

　鹿児島県における肉用牛の飼養農家戸数は1960年に11万8,675戸であったが，2013年には9,000戸と減少している（図1.6.1a）．一方，飼養頭数は1960年の13万9,728頭から2009年37万6,200頭に増加したが，これをピークに飼養頭数は減少し，2015年は32万3,400頭となった．肉用牛経営は，中小規模の繁殖経営体が大部分を占めるが，高齢化や後継者不足などによって減少傾向にある．一方，農家1戸あたりの飼養頭数は，1960年から2015年にかけて1.8頭から35.9頭と拡大しており，コスト削減などの経営の合理化を図るために，一部の肥育経営では生産規模が拡大している．

　肉用牛飼養は県内各地に広く分布しているが，大隅半島の鹿屋市，曽於市，志布志市が中心であ

る（図 1.6.2a）．1 戸あたりの飼養頭数が 150 頭以上の大規模農家は，薩摩半島南端の指宿市，南九州市（写真 1.6.1），南さつま市にみられる．

鹿児島県の肉用牛は，1950 年代後半に，鳥取牛を導入して本格的な育種改良を開始し，1960 年代前半に広島牛や岡山牛を導入して体格の大型化に成功した．1970 年代後半には，但馬牛を導入して品質改良に取り組み，飛躍的に肉質が向上した．それ以降，「鹿児島黒牛」の銘柄が定着しはじめると，そのブランド化を図るために，1997 年商標登録され，2007 年には地域団体商標を取得した．

(2) 養豚

鹿児島県における豚の飼養農家戸数は，1961 年の 10 万 6,481 戸をピークに著しく減少し，2014 年には 637 戸となった（図 1.6.1b）．一方，飼養頭数は 1968 年の 13 万 3,844 頭から 1994 年に 138 万 4,000 頭に急増し，それ以降は緩やかに減少して 2014 年は 133 万 2,000 頭となった．

養豚経営は，肉用牛経営同様に小規模経営は淘汰され，1 戸あたりの飼養頭数は，1960 年の 1.8 頭から著しく拡大し，2014 年に 2,091 頭となり，経営規模が拡大した．

養豚は，大隅半島の鹿屋市，曽於市，志布志市，県北部の大口市（現伊佐市）などで盛んである（図 1.6.2b）．これら地域の養豚農家の 1 戸あたりの飼養頭数は 1,000 頭以上である．

鹿児島県では黒豚が著名であるが，その品種改良は 1982 年第 1 系統豚「サツマ」，1991 年にバークシャー種を基礎とした第 2 系統豚「ニューサツマ」が完成した．2001 年には鹿児島在来の黒豚を基礎とした第 3 系統豚「サツマ 2001」，2015 年には第 4 系統豚「クロサツマ 2015」が完成した．鹿児島県においては黒豚のブランド化を図るために，1999 年「かごしま黒豚」が商標登録された．

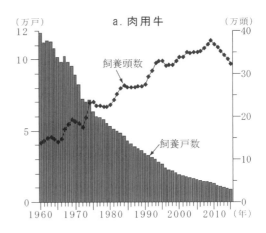

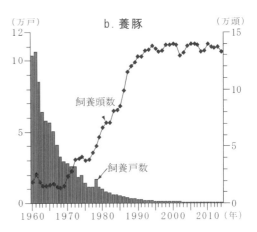

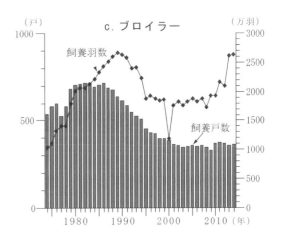

図 1.6.1　鹿児島県における畜産飼養戸数・頭数の推移
資料：農林水産省『畜産統計』（各年），鹿児島県『鹿児島県統計年鑑』（各年）により作成．

(3) ブロイラー

鹿児島県におけるブロイラー飼養農家戸数は，

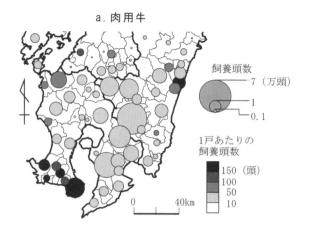
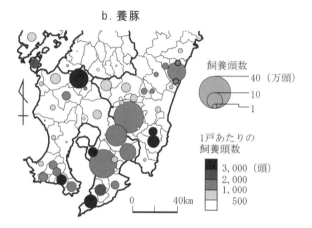
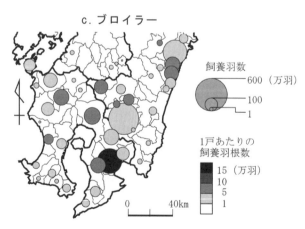

図1.6.2　南九州における畜産飼養頭数の分布（2006）
注：鹿児島県島嶼部を除く．
資料：農林水産省『畜産統計』により作成．

1974年の535戸から1986年に713戸に増加したが，それをピークに以降は減少傾向にあ

り，2014年は364戸となった（図1.6.1c）．一方，飼養羽数は1974年の1,042万9,000羽から1989年に2,660万7,000羽に増加した．それ以降年々減少して2000年に1,195万3,000羽となったが，これ以降再び増加傾向を示し，2014年に2,634万羽となった．ブロイラー農家1戸あたりの飼養羽数は，1974年の1万9,500羽から2014年に7万2,400羽に拡大し，とくに2000年以降，経営規模の拡大が加速している．ブロイラー飼養農家は，薩摩半島および県北部，大隅半島の大崎町，曽於市，鹿屋市，志布志市を中心に分布している（図1.6.2c）．

ブロイラーの品種改良は，国の天然記念物である薩摩鶏を基礎として改良され，1971年に「さつま若しゃも」，2000年には「さつま地鶏」，2006年には「黒さつま鶏」が完成した．ブランド化を図るために，2003年に「さつま地鶏」，2010年に「黒さつま鶏」が商標登録された．

3　畜産業を取り巻く環境の変化

1990年代以降，日本の畜産業を取り巻く環境はダイナミックに変化している．1991年に牛肉が輸入自由化され，安価な輸入肉の増加に伴って，国産肉の価格低迷を引き起こした．また，輸入飼料の価格高騰や労働力の高齢化や後継者不足などによって，経営の規模縮小，離農が進んでいる．

2000年代に入ると，国内BSE（牛海綿状脳症）の発生（2001年）やアメリカ合衆国でのBSE発生（2003年）による日本への牛肉輸入規制，国内の口蹄疫や鳥インフルエンザの発生が問題となった．近年では，TPP（環太平洋戦略的経済連携協定）などによる国際貿易がさらに進展するという予測のなかで，輸入畜産物との競争も課題である．産地では，生産・加工・流通の関係者が連携し，飼養管理や食肉衛生検査，防疫体制を強化し，より安心・安全で高品質の食肉を消費者へ提供するための工夫と努力がなされている．

写真1.6.1　JA南さつまの肉用牛農場（南九州市）
注：農協直営農場（一部一貫経営）であり，肥育牛が常時160頭，繁殖牛が常時60頭が飼養されている．肥育した牛は，JA食肉かごしま南薩工場などへ出荷している．
撮影：深瀬浩三，2016年8月22日．

写真1.6.2　JA食肉かごしま南薩工場における食肉加工（南九州市）
注：南薩工場は国内市場以外に，アメリカ合衆国，香港，シンガポール，タイ，マカオ，韓国，台湾向けに牛肉と豚肉の輸出も行っている．
撮影：深瀬浩三，2016年8月22日．

　また，近年の動向として，アジア諸国の所得水準の向上や日本食に対する関心の高まりなどから，日本各地で農産物の輸出が試みられている．鹿児島県においても2000年代半ばから香港，シンガポール，タイ，アメリカ合衆国，EUなど，海外向けに牛肉（「KAGOSHIMA WAGYU」）や豚肉（「KAGOSHIMA KUROBUTA」）の輸出を開始し，その輸出量は年々増加傾向にある（写真1.6.2）．県と食肉事業者からなる鹿児島県食肉輸出促進協議会では，輸出相手国における食品展示会などへ参加し，PR活動，商談を実施している．この活動を通して各国での商標登録や一定量を取り扱う販売店やレストランを販売指定店とし，畜産物の販路拡大を図っている．

（深瀬浩三）

概説1　日本の地形

1　日本列島の形成と地質

日本列島は，ユーラシア大陸の東側に位置する大きな4つの島（北海道島，本州島，四国島，九州島）と，6,000以上の島からなる．主要4島以外の島々は，主要4島の周辺，本州中央部から南に延びる伊豆・小笠原諸島，九州から台湾に伸びる南西諸島のいずれかに位置する．この島々の配列は，500〜1000kmといった波長をもつ円弧が連続した形に並んでいることから，日本列島は，弧状列島あるいは花綵列島とも呼ばれる．

日本列島の土台となっている地質はもともと現在の位置にあったわけではなく，かつてはユーラシア大陸の一部であったが，日本海の開裂，拡大が起こり移動した．こうした地球の表面での大規模な動きは，プレートの動きが原因となっている．プレートとは地球の表面を覆っている厚さが100km程度の十数枚の岩の板のことで，それぞれが1年で1〜10cmほど動いている．現在の日本列島の位置する場所には，西南日本を含む範囲でユーラシアプレートが，東北日本を含む範囲で北米プレートが，その東側に太平洋プレートが，本州と九州の南側にフィリピン海プレートがあり，ユーラシアプレート，北米プレートの下に太平洋プレート，フィリピン海プレートが沈み込んでいる．プレートの沈み込みによって歪みが蓄積され，その歪みが解放されるときに地震が発生する．

プレートの沈み込み現象は，日本列島を形成す

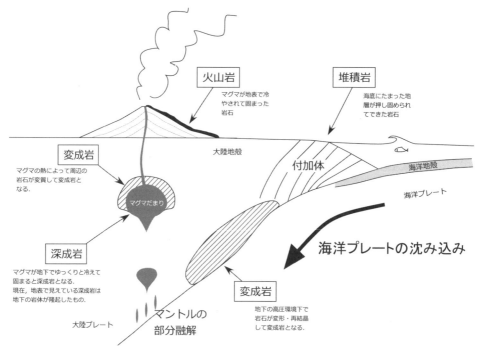

図概説1.1　日本列島周辺のプレートの沈み込みとそこに分布する岩石
筆者作成．

る地質の分布に大きな影響を与えている（図概説1.1）．日本列島に分布する地質のうち，代表的なものは 1. 火山岩，2. 堆積岩，3. 花崗岩である．いずれの地質も日本列島の発達史を物語るものである．

(1) 火山岩

地球内部では，地下深くになればなるほど温度・圧力が増すため，地下深部ではプレートに含まれた水が放出されている．その水の影響で地下100〜200kmでは，マントルの溶ける温度が下がり，そこで岩石が溶けてマグマができると考えられている．こうしてできたマグマは，液体であるため周囲の岩石に比べると密度が小さく，浮力が働くため上昇する．そのマグマが地表まで達すると噴火が起こり，その痕跡として火山の地形が形成される．この噴火の際にマグマが地表で冷えて固まって火山岩ができる．

(2) 堆積岩

西南日本の太平洋側には，主に堆積岩が分布している．この地層は付加体と呼ばれている．海溝にプレートが沈み込んでいくときに，海底にたまっていた砂・泥，海底火山の溶岩（玄武岩），サンゴ礁（石灰岩），プランクトンの遺骸からなる岩石（チャート）が，地下で混ざりあいながら大陸の縁に押しつけられてできる岩石である．沈み込みに伴ってつくられる岩石であるので，海溝に近いところに分布している付加体ほどその年代は新しい．

(3) 花崗岩（深成岩）

花崗岩は，地下深くで，マグマがゆっくりと冷えて固まってできた岩石である．こうしてできた岩石は深成岩と呼ばれる．中国地方や瀬戸内などに分布する花崗岩は，日本列島の土台となる地層がまだ大陸にあった時代に作られたものである．今から1,500万年前頃に日本海が拡大し，大陸の縁辺部に日本列島の原形がつくられた．花崗岩が土台となり，その上に付加体の岩石や火山岩などが載っているのが日本の大まかな地質構造である．

このほか日本列島には様々な種類の岩石が分布し，地質の多様性がみられる．地質は，その地域の山の形や土砂の性状に影響を及ぼし，大局的な地形（地勢）の地域差を生み出す原因にもなっている．

2　日本列島の地形

陸上の地形は，基本的に山地と平野に分けられる（図概説1.2）．山地は標高が高く，比高が大きく，斜面が急な場所である．平野は標高が低く，平らな場所を指す．山地と平野の間にある丘陵は山地に含まれることもあるが，独立させて分類することもある．丘陵は山地ほど標高が高くなく，斜面も山地ほどは急ではない．

(1) 山地

日本列島では，山地と丘陵の面積は国土の70%を超える．

山は，地層の隆起によって形成される隆起山地

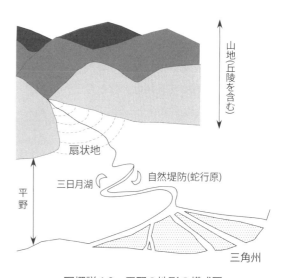

図概説1.2　平野の地形の模式図

と，マグマ噴出によって形成される火山の2種類に分類できる．前者の隆起の原動力は，プレートの動きである．日本列島は，プレートの沈み込む場所に位置しており，継続的に圧縮の力が働いている．そのため，地層が押され，場所によってたわんだり，割れて盛り上がったり，沈んだり，ずれたりしている．この地層のずれが断層である．日本列島に現在も活動の可能性がある活断層が数多くあるのは，プレートによって継続的に力がかかっているためである．隆起山地にしろ，火山にしろ日本列島の山は，プレートの沈み込みが主たる原因となって作り出されている．

日本列島では降水量が多く，そのために岩盤は脆くなりやすく，大雨や地震，火山活動を引き金として，山地斜面の土砂や岩盤が急速に崩れる崩壊が発生している．また，比較的緩慢な動きの地すべりも多い．日本の山地の斜面は，過去の崩壊や地すべりの痕跡の集合体といえる．崩壊や地すべりにより生産された土砂は，下流に運ばれ，平野の地層となる．

(2) 丘陵

丘陵は地質の構造から，2種類に分けることができる．1つは基盤の岩石を，河川や海の堆積物が不整合に覆っているものである．もともとは河成段丘や海成段丘だったが，そこで崩壊や侵食が進み，尾根と谷がはっきりした丘陵の地形となった．段丘起源であるため定高性のある稜線をもつ．関東平野周辺に分布する丘陵は，ほとんどがこのタイプであり，表面は関東ローム層に覆われている．

もう1つは，基盤の岩石のみからなるものである．東北日本の日本海沿いの活褶曲地帯の軟岩の分布域では，基盤の岩石は隆起するものの，同時に河川の侵食や崩壊が進むため起伏の大きな山にはならない．そのため丘陵となっている．

(3) 平野

日本列島においては平野の面積は30％未満である．地面が隆起して山地が形成されるのと対照的に，平野ではその基盤が沈降している．そこに，河川や海の働きで土砂が運ばれて堆積し，平らな地形ができる．

平野において河川がつくる地形は，形態と堆積物から上流側から，扇状地，自然堤防帯，三角州とに分類できる．平野では，上流側にある山地斜面で生産された土砂が下流に運び出されて（河川の運搬作用），堆積している（河川の堆積作用）．山の縁には主に礫（石ころ）や砂が堆積して扇状地が形成される．その下流側は，河川の蛇行がみられる場所なので蛇行原と呼ばれる地形が形成される．ここではおもに砂が堆積している．河道の蛇行の形態は河川の侵食と堆積作用により変化していくため，取り残された河道は，三日月湖（牛角湖）をつくる．さらに下流の河口付近では，主にシルト，粘土からなる三角州が形成される．勾配は非常に緩く，河道が下流に向かって分岐することもある．山がちな日本列島では，山地から海岸までの距離が短いことが多く，扇状地の扇端が海岸となる臨海扇状地が各地に分布している．このように，海岸線近くにある平面形が三角形の地形だからといって必ずしも三角州というわけではない．

長期的に隆起傾向にある場所では，土地が高くなっていく．隆起すると河川や海の侵食や堆積作用が及ばない高さになる．このことを離水という．離水した場所は，台地になる．一方現在も河川や海の働きが及ぶ範囲は低地と呼ばれる．この台地の形成には，地殻変動や気候変動が影響している．隆起と気候変動とのバランスで，複数面の段丘が形成される．低地は，河川や海沿いに分布する地形で，地質学的な時間スケールでみれば現在も地形の形成（地層の堆積）が進行している場所である．人工的な堤防のない自然の状態であれば，低地は大規模な出水や高潮の時には冠水する．

(4) 平野と山地の境界

大局的にみれば，山地は隆起している地域であ

り，平野は沈降している地域である．それらは，空間的に接している．そこの地下構造を考えてみると，隆起と沈降という逆の動きをしているため，地面が割れていくことになる．この割れ目が活断層である．日本の活断層の分布をみると，平野の縁辺部に分布しているものが多い．長期的に活断層が活動することによって山地と平野との分化が進んでいく．

3 湿潤変動帯としての日本列島

日本列島は，プレートの沈み込みにともなう地球科学的な現象が活発に起こっている地域である．こうした場所は変動帯と呼ばれている．日本列島における隆起山地・火山・平野といった大きなスケールの地形の形成には，この変動帯であるという条件が影響している．山地の岩盤や土砂は，隆起や噴火にともなって堆積して高度を増していくが，同時に風化が進み，崩壊し，河川によって下流に流される．日本列島は，太平洋側では梅雨や台風がしばしば大雨をもたらし，日本海側では多雪であるため，水の量が多い．こうした湿潤な気候環境は，地形変化を活発にさせる．そのため日本列島の地形の形成環境は，しばしば湿潤変動帯という言葉で表現される．

4 気候の影響を受けた地形

日本列島は，世界的にみれば高い山は少ないが，それでも3,000mを超える山地が連なり，稜線付近では，過去の寒冷な時代（氷期）に形成されたカール（圏谷）やモレーン（堆石）といった氷河地形が現在でもはっきりと認識できる．また，寒冷な気候環境下で作られる周氷河地形が北海道などの高緯度地域や高山・亜高山地域で現在も形成されている．

日本列島の南北の距離は長く，寒冷な気候環境化で作られる地形がある一方で，南西諸島では熱帯・亜熱帯性の気候の下でサンゴ礁が発達し，特徴的な地形が作り出されている．

5 日本の地形と自然災害

火山の噴火，山の隆起，崩壊や地すべり，河川による土砂の運搬，下流での堆積など，いずれの地球科学的現象も，日本列島の地形を作り出すうえで重要な役割を担っている．これらの現象の規模が大きければ人間に大きな自然災害をもたらす原因となる．日本列島は，世界のなかでも，様々な地形変化速度が速い地域である．すなわち，世界的な自然災害多発地域であるといえる．

こうした自然環境のなかで，先人は自然災害を軽減しつつ，暮らしやすい地域を作り出すため様々な工夫をしてきた．例えば，山地周辺の扇状地では，しばしば河川の氾濫が起こり，河道近くの住民は被害を受けてきた．扇状地は河床勾配が急であるため，水が氾濫しても長期間にわたって湛水することはなく，できうる限り排水しやすいようにしておくことが重要であった．しかし，水と一緒に流れてくる土砂からは，宅地や農地を守る必要があった．山地から河川，海までの土砂を移動させる働きの多くは水が担っている．宅地や農地に土砂が侵入しないようにするために作り出されたのが霞堤である．急勾配の扇状地河川で発達した堤防の形態である．

一方，下流の河口に近い三角州では，河床勾配が緩いため，河川が氾濫すると水は排水されにくく，建物への浸水が問題となる．そのために盛り土をし，その上に避難小屋として水屋を建てたり，宅地を完全に堤防で囲ってしまうなどの対策をとるようになった．代表的な例が木曾川にみられる輪中堤である（第7章第1節参照）．日本列島各地では近代的な治水・治山工事が行われるようになるまで，それぞれの場所の地形にあった治水や治山の方法が行われていた．

（目代邦康）

概説 2　環境問題

　わが国の歴史を振り返ると，その時々の時世に応じた様々な環境問題が発生してきたといえる．本節ではその概要について，環境問題の本質が見えやすいように，時代区分ごとにまとめることとする．区分は 1) 近代国家としてその歩みを始め，殖産興業が国是であった明治期から第二次世界大戦まで，2) 戦後の復興から公害国会を経て環境庁の設立まで，3) 環境問題が多様化してきた環境庁の設立から地球サミット（1992 年）まで，4) 地球温暖化問題が大きな課題となった地球サミットから現在，の 4 期とした．

1　明治期から第二次世界大戦まで

　この時代は，富国強兵・殖産興業を推し進め，戦争へと突き進んでいった時代である．国の基幹産業としての鉱業，紡績業，製鉄業の推進は国是となっていた．このため，被害を訴える国民の声はほとんどの場合黙殺されたといえる．歴史に残るという意味での最初の問題は，公害問題としての足尾銅山問題である．足尾銅山は 1877 年に古川市兵衛に買い取られて以降近代技術の導入などで，産銅量が全国生産の 3 分の 1 を占めるまでに成長した．その結果，銅やヒ素を含む排水による下流域の汚染や，亜硫酸ガスによる樹木の枯死などの被害が顕在化した．1891 年には 2 度の大洪水が発生し，下流の農村地帯に大きな被害が発生した．被害を受けた栃木，群馬，茨城，千葉の農民は鉱業の停止，鉱毒被害の除外を求める請願を政府に提出し，1897 年に明治政府は足尾銅山に鉱毒除外命令を命じた．しかし，1898 年の洪水で鉱毒沈殿池が決壊し，さらなる被害が発生した．このとき，衆議院議員の田中正造が天皇に直接請願を試みたことはよく知られた史実である．

　この結果，事件に対する関心が高まることになり，明治政府は最も被害の大きかった栃木県谷中村を廃村とし，遊水地を作ることで被害を食い止めるという政策を決定した．これが現在にも続く渡良瀬遊水地である．現在の渡良瀬遊水地は自然の豊かな場所として注目されることが多いが，こうした負の遺産としての意味をその起源にもつ場所であることを忘れてはいけない．

　また，一方で足尾銅山だけでなく，鉱業の生産量は全国的に第二次世界大戦にいたるまで増産され続け，環境問題の解決には当然至ることはなかった．これは，第二次世界大戦後の復興の過程でも同様であった，ちなみに，古川鉱業が管理責任を認めたのは 1974 年である．

2　戦後の復興から公害国会を経て環境庁の設立まで

　戦後復興に向け，鉱工業の発展が急務であったため政府は公害問題を隠匿しつつ国土総合開発を施行し地域開発を国策として進めていった．1951 年，全国での自然保護問題の発生を受け，日本自然保護協会が発足したのはこうした背景があった．国の環境問題や公害問題への対応は遅々としていた一方，自治体では 1949 年の東京都の「工場公害防止条例」を先駆けとして各地で条例が制定されていくことにもなった．また，国の公害防止を考慮しない経済復興施策に対して反対運動が展開していくことになるのは，世論が完全に黙殺されていった戦前と大きな違いである．以下

に，いくつかの事例を紹介する．

(1) イタイイタイ病問題

これは，神通川の上流域に存在する神岡鉱山からのカドミウム，鉛の流出により発生した，背中・腰や関節などの痛みを訴える症状による被害である．鉱毒被害は明治時代から発生していたが，1961年地元紙の記事に掲載されたことが認知されるきっかけとなった．その後厚生省による現地調査の結果，症状の原因が三井金属鉱業神岡事業所から排出されるカドミウムであると結論され，国の設定する公害病の第一号となった．

(2) 水俣病

この問題も戦前から発生していたが，公式発見は1956年の保健所の公表である．その後熊本大学の調査で，工場から水俣湾に流出した排水中のメチル水銀と不知火海のアサリから検出されたメチル水銀が同種のものであると明らかにされたが，政府が公式見解で，汚染源と因果関係を特定し，見解を公表したのは1968年のことであった．この間も新たな被害者は増え続けていた．最終的に国が責任を認めたのは，小泉政権になってからである．

(3) 四日市ぜんそく

1960年，三重県四日市市で当時東洋最大の石油化学コンビナート工場群が操業を開始した．同時に喘息症状を訴える周辺住民が急増した．政府は調査団を派遣し，1962年に成立した煤煙規則法の第二次指定地域に指定された（1966年）．この年，当時の厚生大臣が現地を視察し，国と企業の負担を検討することを表明した．

この時期はこうした事例だけでなく地盤沈下や，騒音振動，悪臭などの問題も公害として顕在化した．このため1970年の国会は，公害対策基本法の改正，大気汚染防止法の改正，水質汚濁防止法の改正など14の環境関連法が成立した公害国会と呼ばれている．そして翌1971年，政府は公害問題について今後の最重点課題として取り組むことを施政方針演説で表明し，それまで厚生省，通商産業省など各省庁に分散していた公害に係る規制行政を一元的に所掌するとともに，自然保護にかかわる行政を行い，併せて政府の環境政策についての企画調整機能を有する行政機関として1971年に環境庁が発足した．

3 環境問題が多様化してきた，環境庁の設立から地球サミット（1992年）まで

期待をもって設立された環境庁だが，1978年に二酸化窒素に係る環境基準を大幅に緩和した．これは自動車業界をはじめとする財界が厳しすぎる環境基準に批判と圧力をかけた結果である．また，1973年に成立した公害健康被害補償法は，1988年に今後は新たな患者の公害認定を行わないことを定めた．この結果，未認定患者問題が現在まで継続することとなった．こうした背景には，オイルショック以降の不況のなかで，経済発展が優先される社会情勢に変化したというものがあったからである．一方で企業側は，原油価格高騰を受け，省資源・省エネルギー化を図る必要性に迫られたため，一連の環境技術が発展したという側面もあった．近年，注目されている自然エネルギーである太陽光発電の技術開発もこの時期に行われている．

さらに，日本国内での公害対策が進展と後退を繰り返すなか，海外進出をした企業により海外で公害問題を引き起こすことにもなった．また，かつては被害者としての立場であった生活者が，加害者となる事例もおきる．合成洗剤の使用や化学肥料，殺虫剤の使用など生活の利便性向上が河川の水質悪化を引き起こすようになり，都市河川の水質は悪化の一途をたどったのもこの時期である．大量消費型の生活が環境問題として捉えられ，地球環境問題として認識されていくことにもつながっていくこととなった．

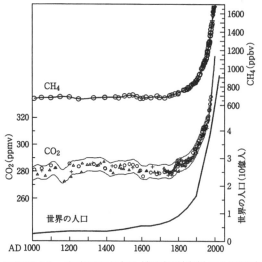

図概説 2.1　氷床コア分析と機器観測資料による過去1000年間の温室効果ガスの変化
資料：日本第四紀学会・町田 洋・岩田修二・小野 昭編(2007)：『地球史が語る近未来の環境』東京大学出版会.

写真概説 2.1　森林を伐採して作られたメガソーラー
撮影：辻村千尋，2016年4月.

こうしたなか，1992年ブラジルのリオデジャネイロで「環境と開発に関する国連会議」（いわゆる地球サミット）が開催された．この会議でまとめられたリオ宣言には，人類には自然と調和しつつ健康で生産的な生活をおくる資格があり，「自国資源を開発する主権的権利」と同時に「他国の環境に損害を与えないようにする責任」があることが盛り込まれた．同時に「環境保護と開発の一体性」が持続可能な開発のために必要であることも盛り込まれ，そのためには貧困の撲滅に協力して取り組むことが必要とされた．この会議を契機に，地球環境問題は世界共通の課題としてそれぞれの国で積極的に取り組むことが責務となったため，大きな節目の会議となった．

4　現在の環境問題

現在，地球規模の環境問題は地球温暖化問題であろう．二酸化炭素などの温室効果ガスの増加により地球の平均気温が上昇し，その結果，海面上昇などの陸地の減少，水不足，砂漠化などの問題がかなりの確率で起こると予測されている．事実，

二酸化炭素の排出量は，過去のどの時期にもないほど急増しており（図概説2.1），温室効果ガスの排出量の削減は喫緊の課題である．わが国でも再生可能エネルギーとしての風力発電や太陽光発電，地熱発電などの導入が急速に実施されている．化石燃料依存の社会から自然エネルギーへの転換の必要性に疑いの余地はないだろう．しかし同時に課題も存在する．今，地球上の生物多様性に対する危機は，以下の4つがあると指摘されている．1）開発による消失，2）手入れ不足による質の低下，3）外来種による生態系のかく乱，4）地球温暖化による危機の4点である．このうちの第4の危機である地球温暖化に対しての対策が喫緊の課題であることはすでに指摘をしたが，このための対策の行為が，第1の危機（開発による消失）を引き起こしては，何を守ることになるのかという本末転倒となってしまうだろう．実際，森林を伐採して作られるメガソーラー施設（写真概説2.1）や，自然保護区である国立公園での地熱開発，風力発電によるバードストライクなどの問題が多く発生している．こうした事態は，自然保護を標榜する者同士の対立として，環境問題の本質をわかりにくくしている．本質は，人間の開発行為と自然環境との調和をどうしていくべきかにあり，そのバランスが経済に偏重した時に，環境問題が発生しているという点である．今後の環境問題は常にこの視点に立った分析が重要となるだろう．

（辻村千尋）

コラム1
日本の国土

国土の範囲

20世紀後半から国際化が進展するなかで，ヒト・モノ・カネは国境を越えて移動するようになった．しかし一方，民族主義の高まりと国家の誕生，そして多様な資源の開発と存在は，あらためて国境や水域の範囲が重要な意味をもつようになった．

日本外務省HP（http://www.mofa.go.jp/mofaj/territory/page1w_000013.html#q1，2015年11月3日閲覧）によれば，「一般に，「領土」とは，国家が領有する陸地を指し，国家はその領土に対して主権を有する」範囲であり，日本の領土の総面積は約37万8,000km^{2}とされる．そのなかには北海道，本島，四国，九州の比較的大きな島と，それに連なる数多くの島嶼群が含まれ，世界62位の広さである．その領土の最南端は沖ノ鳥島，最北端は択捉島，最西端は与那国島，最東端は南鳥島であり，その地理的範囲はきわめて広い．

さて，領土とともに国の主権が及ぶ範囲として領海がある．日本の領海は，国連海洋法条約に基づいた「領海及び接続水域に関する法律」により，原則として基線（通常は海岸の低潮線）から12海里（約22.2km）までの海域と定められている（外務省）．領海に続く接続水域は，原則として公海であるが，沿岸国が通関，財政，出入国管理及び衛生などにおいて国内法の履行を確保するために一定の権限を行使できる海域である（領海及び接続水域に関する法律，1977年5月）．接続水域は，基線からその外側24海里の線としている．また，領土と領海の上空（ほぼ大気圏内）は領空とされ，主権が及ぶ空域である．こうした国の主権が及ぶ場所をまとめて「領域」という場合もある（図コラム1.1）．

接続水域に続く海洋は，1982年に国連海洋法条約で沿岸の海岸線から200海里までの水域が排他的経済水域（Exclusive Economic Zone: EEZ）と定められ，その水域内にある水産・鉱産資源は，沿岸国の資源物になる．しかし，排他的経済水域は領海と違い，他の国との領海・接続水域の関係から重複することもあり，これが国家間の紛争を引き起こす場合がある．日本は離島が多く，本島から離れた海洋に領土として与那国島，沖ノ鳥島，南鳥島などがあるので，国土面積の割に経済水域が広く，排他的経済水域の面積は約405万km^2，国土面積の10倍以上となり，この広さは世界6位である（図コラム1.2）．

排他的経済水域の外側は，どの国の領海や経済水域にも属さない公海となり，どの国も平等に航行，利用することができる（公海自由の原則）．

日本の領土問題

かつて日本はアジア周辺国への侵略によって一時的に領土を拡大した時期もあったが，第二次世界大戦後の1952年4月発効のサンフランシスコ平和条約によって，現在の領土が確定された．しかし，日本政府は，依然として他国との間で解決すべき領有権の問題（「領土問題」）が存在する

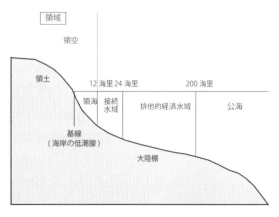

図コラム1.1 領土・領海概念図

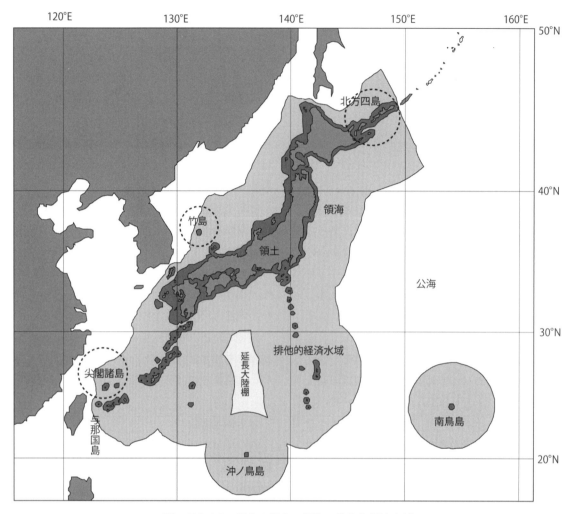

図コラム 1.2　日本の領土・領海・排他的経済水域
資料：海上保安庁パンフレット，2015．

ことを認識している．それがロシアとの北方領土問題，韓国との間の竹島問題である．

　北方領土問題とは，「第二次世界大戦の末期，日本がポツダム宣言を受諾し，降伏の意図を明確に表明したあとにソ連軍が北方四島（択捉島，国後島，色丹島，歯舞群島）に侵攻し，日本人島民を強制的に追い出し，さらには北方四島を一方的にソ連領に編入するなどし，ソ連が崩壊してロシアとなった現在もなお，北方四島を不法に占拠し続けている」（北方領土問題対策協会 HP-http://www.hoppou.go.jp/gakushu/about/index/）状態をさす．21世紀の今日において日本政府はロシア政府と北方領土の返還交渉を継続しているが，進展していない．

　竹島問題は，日韓の領有権をめぐる問題である．日本政府は，竹島がサンフランシスコ平和条約によって日本の領土であることが確認されていると主張する．一方，韓国はサンフランシスコ平和条約発効直前の1952年1月に，「李承晩ライン」を設定し，そのライン内に竹島を取り込み，韓国領とした．韓国は，その後も竹島に警備隊員などを常駐させ，宿舎や監視所，灯台，接岸施設などを構築してきた．最近においても韓国国会議員有志による竹島上陸が行われた．日本政府は，こう

表コラム 1.1　尖閣諸島をめぐる日中の主張

日　本	論　点	中　国
1985年時点で無人島．どの国も支配していない「無主の地」	いち早く発見，利用したのはどの国か	中国が最も早く発見，命名，利用．明の時代の資料に記述あり
1895年に閣議決定で領土に編入，国際法にかなう「先占の法理」．下関条約で割譲された台湾には含まれない	日本による領土編入は有効か．下関条約との関係は	日清戦争(1894-95)で日本に盗み取られた．その後の下関条約で日本に割譲した台湾の一部
日本が放棄した領土に含まれず，米国の施政下に置かれた	サンフランシスコ条約で日本が放棄したのか	日本が放棄した領土に含まれる．米国が勝手に管轄下に組み込んだ
日本に施政権が返還された地域に含まれる	沖縄返還協定で日本に戻ったのか	日米両政府が協定で返還地域に組み入れたのは不法
棚上げや現状維持で合意した事実はない．そもそも領土問題は存在しない	領有権問題の「棚上げ」合意はあったのか	あった．国交正常化と平和友好条約の締結時に了解と共通認識に達した
所有権の移転で，大きな現状変更なし．平穏かつ安定的な島の維持管理のため	日本による国有化をどう位置づけるか	中国の主権への重大な侵犯．「棚上げ」とした両国の共通認識に背く

出典：朝日新聞 DIGITAL（http://www.asahi.com/special/t_right/senkaku/）．

した韓国の行為について抗議し，また国際司法裁判所における解決を提案してきたが，進展していない．

　一方，尖閣諸島の領有権をめぐっては，日中双方の見解にかなりの隔たりがある．そもそも現在無人の島が問題となるのは，排他的経済水域（海洋資源，漁業資源等），海洋航行の自由をめぐってであり，近年は尖閣諸島のみならず南シナ海問題がクローズアップされている．日本政府は，尖閣諸島は「日本固有の領土であることは歴史的にも国際法上も明らかであり，現に我が国はこれを有効に支配し……，尖閣諸島をめぐって解決しなければならない領有権の問題はそもそも存在しない」という立場をとっている．近年において，中国の警備艇，漁船の日本領海，接続水域への侵入が相次ぎ，日本政府は，こうした中国の行為について抗議している．

　尖閣諸島をめぐる日中の主張は，朝日新聞社によってまとめられている（表コラム 1.1）．いずれにしても領土問題は，国家の主権と大きく関わるものであるが，その歴史的検証のみならず，現代においてなぜ領土問題がクローズアップされるのかという，その背景について理解することが重要である．

　世界の国々の歴史をみても国境は絶対的なものではなく，その時代における国家間関係に左右されてきた．現代は政治的軍事的力学のみならず，民族・文化・宗教，そして多様な資源問題が領土問題を顕在化させ，かつ複雑化させている．地理学習においては，自国中心主義に陥らず，領土問題に関わる国家・地域の立場を客観化し，相対的に把握することが求められる．

（上野和彦）

コラム2

公害のまちから生まれ変わった水俣市

水俣病とは

熊本県南部，八代海（不知火海）に面した水俣市（人口約2万7千人（2016年），発生当時は約5万500人）は，1950〜60年代にかけて発生した水俣病で知られている．水俣病は日本の高度成長期に発生した四大公害病の一つだが，環境汚染の食物連鎖で生じた史上初の病気として，世界でも「ミナマタ」の名が知れるところとなった．

かつて水俣の海は「魚湧く海」とよばれ，男は漁で，女は行商で稼ぎ人びとの生活を支えた豊かな海であり，平地の少ない海岸周辺は稲作が盛んでなく，米よりも魚が身近な食料であった．1956年に水俣市で脳障害や体調不良など原因不明の病気の発生が確認され，アセトアルデヒドを生産する地元企業チッソの工場廃水に有機水銀が含まれ，汚染された魚などを食べた住民に健康被害が生じた．原因の立証に時間がかかり，1968年にアセトアルデヒドの生産を中止するまで廃水は流され続け，被害は拡大した．異変は1950年代前半からみられはじめ「ネコが踊り，鳥が落ち，魚が浮いた」と言われるほどであった．人的被害は1958年以降増え続け，成人から小児，さらには胎児にまで及んだ．満足に治療を受けることもできずに，人びとが亡くなっていき，働き手を失い残された家族や漁民の生活は困窮を極めた．

当初，患者は奇病・伝染病と誤解され，「町を歩くな」と差別を受けたり，水俣出身というだけで，就職や結婚を断られたり，水俣を通る時はバスや列車の窓を閉めたりするなど差別を受けることもあった．水俣はチッソの企業城下町であったので，被害者を敵視する雰囲気もあり，水俣病の発生により市民が対立し水俣のまちは混乱した．

1969年に患者は補償をめぐってチッソを提訴，その後，水俣病の認定をめぐる裁判，県や国の責任をめぐる裁判が続いた．1973年にチッソと患者の補償協定が結ばれたものの，水俣病と認められず補償を受けることができない未認定患者の救済，水俣以外の地域で水俣の魚を食べた人の救済など，取り残された被害者の問題は今日まで続いている．

水俣湾の再生

チッソ水俣工場は1932年から1968年まで廃水を流し続けたため，有機水銀を含んだヘドロが海底に堆積し，汚染された魚が湾内にいた．そこで，およそ23年かけて水俣湾を再生した．まず1974年に汚染された魚が湾外へ出ないように水俣湾に仕切り網を設置，1977年から湾内に堆積している水銀を含んだヘドロの除去を開始．ヘドロは深さ4mに及ぶところもあり，150t以上を除去した．さらにヘドロを封じ込めるために埋め立てを行い，1990年に埋め立てが完了し，58.2ha（東京ドーム約13.5個分）の敷地が生まれ，エコパーク水俣と称して利用されている．埋立地に隣接して，水俣病資料館がある．1997年に仕切り網を撤去して，水俣湾の魚は安全であるという安全宣言を行った．

「公害のまち」から「環境先進都市」へ

水俣病の発生以来，加害者と被害者が小さな町に同居することで，水俣市は市民の対立など大きく混乱した．市民は「もやい直し」の名のもと，壊れかけたまちの再生に努め，環境を整えることを共通の目標にすることでまちの再生と団結を高めようと努めた．そこで，水俣市は環境モデル都市づくりを目指し，1992年に全国初の環境モデル都市づくり宣言を行った．さらに2001年には国からエコタウン事業の認証を受けた．

エコタウン事業とは経済産業省・環境省により創設された制度であり，ゼロ・エミッション（廃

コラム 2　公害のまちから生まれ変わった水俣市

表コラム 2.1　全国で環境モデル都市に認定された市町村（2015 年現在）

環境モデル都市	人口	取り組み概要
下川町（北海道）	3,600	北の森林共生低炭素モデル社会・下川
帯広市（北海道）	168,000	田園環境モデル都市・おびひろ
千代田区（東京都）	50,000	省エネ型都市づくり，エネルギー効率向上
横浜市（神奈川県）	3,690,000	横浜スマートシティプロジェクトの展開
飯田市（長野県）	103,000	市民参加による自然エネルギー導入，低炭素街づくり
富山市（富山県）	420,000	富山市コンパクトシティ戦略による CO_2 削減計画
豊田市（愛知県）	420,000	次世代エネルギーとモビリティを活用した低炭素まちづくり
京都市（京都府）	1,470,000	人が主役の魅力あるまちづくり，「地域力」を活かした低炭素化活動
堺市（大阪府）	840,000	「快適な暮らし」と「まちの賑わい」が持続する低炭素都市
梼原町（高知県）	3,800	木質バイオマス地域循環モデル事業
北九州市（福岡県）	970,000	アジアの環境フロンティア都市・北九州市
水俣市（熊本県）	27,000	環境と経済の調和した持続可能な小規模自治体モデルの提案
宮古島市（沖縄県）	52,000	島嶼型低炭素社会システム・「エコアイランド宮古島」
新潟市（新潟県）	808,000	「田園型環境都市にいがた」－地域が育む豊かな価値が循環するまち
つくば市（茨城県）	217,000	つくば環境スタイル "SMILe" －みんなの知恵とテクノロジーで笑顔になる街
御嵩町（岐阜県）	19,000	地域資源（森林，公共交通，再生可能エネルギー等）を活かした低炭素コミュニティ「みたけ」の実現
尼崎市（兵庫県）	451,000	「ECO 未来都市あまがさき」へのチャレンジ
神戸市（兵庫県）	1,542,000	神戸市環境モデル都市
西粟倉村（岡山県）	1,600	「上質な田舎」を目指した，低炭素モデル社会の創造
松山市（愛媛県）	513,000	環境と経済の両立を目指して「誇れる環境モデル都市まつやま」
ニセコ町（北海道）	4,800	国際環境リゾート都市・ニセコスマートチャレンジ 86
生駒市（奈良県）	121,000	日本一環境にやさしく住みやすいまち「いこま」－市民・事業者・行政の"協創"で築く低炭素"循環"型住宅都市
小国町（熊本県）	7,900	地熱とバイオマスを活かした農林業タウン構想

資料：内閣府地方創成推進事務局 HP（http://www.kantei.go.jp/jp/singi/tiiki/kankyo/pdf/kankyo_gaiyo.pdf）．

棄物ゼロ）構想を進めるため，主に次の 2 つのことを支援している．1 つは自治体が独自性を踏まえた廃棄物の発生抑制，もう 1 つはリサイクル推進を通じた資源循環型社会の構築を目的に，地域住民・地域産業と連携して取り組む環境調和型まちづくりである．

水俣市では 1993 年よりごみを 20 種類に分別することを開始（現在は 21 種類）しており，この取り組みが 1 つ目の支援と合致した．さらに市内の工場跡地約 20ha を整備して水俣工業団地を建設，ここを「総合リサイクルセンター」とし，環境関連産業の立地を促し，既存企業の環境配慮型への転換支援機関として「みなまた環境テクノセンター」を設置した．現在，このリサイクルセンターには 8 社が立地しており，各社の事業内容は家電，食品，使用済みオイル，建設廃材，アスファルト，びん，ペットボトル，廃プラスチックのリサイクルと浄化槽汚泥等を原料とした肥料製造である．いわゆる，静脈産業企業が 8 社も立地する珍しい事例であり，全国から視察，見学者が絶えない．

エコタウン事業に認定された他の自治体は，北九州市や川崎市など，水俣市と同じようにかつて公害問題を抱えた都市がある．また，都市規模はどれも水俣市より人口の大きい都市ばかりであるが，水俣市のような小都市の取り組みは，全国的なモデルケースとして注目されている．2008 年に国から環境モデル都市（表コラム 2.1）に認定され，水俣市は公害による水俣病のイメージから環境先進都市のイメージへと脱皮しつつある．

（本木弘悌）

第2章　中国・四国地方

徳島県上勝町樫原「緑のダムの棚田」
出典：農林水産省 Web サイト（http://www.maff.go.jp/j/pr/aff/1006/photoessay.html）．

中核テーマ：都市・村落の暮らしを支える地域の力

　中国・四国地方は，中国山地・四国山地を脊梁山脈として，山陰・山陽と北四国・南四国とに細分される．このうち山陽と北四国は瀬戸内地域として一体的に捉えられることも多い．近年の地域変化を考慮すると，山陰・南四国の山間地域の停滞と瀬戸内地域の発展は対照的であり，両地域の対比を中心に考察することも地域的特色にアプローチする方法である．

　高度成長期以降，中国・四国地方では瀬戸内を中心に工業化が進展し，広島市，岡山市，高松市，松山市などが結節地として発展する一方，山間地域では人口減少・過疎化が進行した．瀬戸内地域は石油化学や造船・自動車などの工業が成長し，瀬戸内海の条件を活かした水産業が，ときに公害などによる利害対立をはらみつつも並存・発展してきた．しかし，日本経済の高度化・成熟化に伴う重厚長大型産業をはじめとした工業や地方都市の中心商業地域の衰退など，中国・四国地方においても全国的動向を反映した地域の変容が生じている．そうしたなか，地域の文化的遺産あるいは自然環境保全を軸としたコンテンツツーリズムやエコツーリズムなど，地域活性化の取り組みも各地で行われている．

　また，中国・四国地方においても多発する自然災害について，都市化や過疎化との関連において考察することが重要である．

第1節　中国・四国の人口変動

1　経済成長期前の中国・四国山地

　高度経済成長期以前の生産・生活は，一般的に土地に根ざしたものであった．中国山地・四国山地は，山地のわりに多くの人が居住し，土地の利用も活発であった．中国山地は比較的標高が低く起伏の小さな山地で，小規模な集落が分散して立地している．個々の農家は，棚田での米の生産，山や棚田の法面の野草を飼料として役畜牛を飼養し，飼料基盤をもたない平野の農村部や他地域へ農耕用牛を供給していた．一方，V字谷が深く刻まれ急峻な四国山地では山腹に小規模集落が立地している．そのような村々では，家々あるいは集落の周囲に常畑があり，裸麦，甘藷，トウモロコシなどが自給的に栽培された．その背後の林野では，焼畑によって自給用の雑穀類のほか，和紙の原料となる三椏が栽培され，その一大産地となっていた．さらに，エネルギー革命以前は家庭用燃料として都市部での木炭や薪の需要が高く，中国山地・四国山地には製炭地もあった．このように高度経済成長期以前の中国・四国山地においては，林野に依存する山村経済が成立していたのである．

　第二次世界大戦後の復興初期，中国・四国の山地地域は燃料・木材資源の需要に対応したが，その後の石油・石炭，木材等の輸入拡大によって比較的早い時期に薪炭林としての利用を衰退させ，さらに化学肥料の普及によって肥料・飼料源としての林野利用も減少した．

2　中国・四国地方の人口変動

　本節では中国・四国地方の今日までの動向を人口変動から跡づけてみる．

　図2.1.1は，2000年の市町村領域に相当する534地区について，1955〜2010年の人口増加率を5年おきに測定し，その値ごとに地区数を把握したものである．

　人口増加率がマイナスの大きな値をとる地区が多く出現するのは，1960〜65年の間であり，1965〜70年もその状態が続いた．この時期，全地区のうち9割で人口減少がみられ，他の年次よりも急激な人口減少が生じた地区も多数みられる（図2.1.1）．これを裏付けるために1960〜70年の人口増減率をみる（図2.1.2）．この時期，中国山地・四国山地の山間地帯で急激な人口減少をみせる地域が広がる一方，瀬戸内地域では人口増加の地域があり，地域間で人口増加に偏りが生じている．瀬戸内地域は高度経済成長を促す国の産業政策もあって都市化・工業化が進展し，人口を増加させたが，一方，急激な人口減少が中国・四国山地では広域にわたって生起していたのである．

　1973年のオイルショックを挟む1970〜75年の人口増減は，増加率，減少率とも小さく，緩やかなものなった．それは1975〜80年も同様であり，鉱山の閉山やダム建設に伴う集落の水没がみられた地区を除くと，人口増減は小さな値にとどまり，人口増加に転じる地区数が増えている（図2.1.1）．このような状況は1980〜85年も続いた．図2.1.3は，人口変化の緩やかな地区が多かった1975〜85年の人口増加率の分布である．内陸の山間地を除き，人口増減率は小幅なものにとどまっている．1980年代，中国地方では中国山地を横断する中国自動車道の全通，山陽自動車道と四国地方を結ぶ本四架橋の建設が始まるなど，交通の利便性が高まりつつあった．さらに，

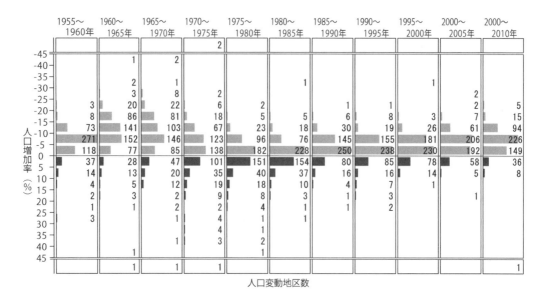

図 2.1.1　地区別人口規模の変化（1955 年～ 2010 年）
資料：（財）統計情報研究開発センター・（財）日本統計協会編（2005）：『市区町村別の長期系列－大正 9 年（1920）～平成 12 年（2000）－』，および 2010 年国勢調査「人口等基本集計」（都道分別）．

公共事業の活発化，製造業企業の農村への進出によって域内での雇用機会の増大があった．また，モータリゼーションによる地方中心都市への通勤可能地区の拡大がみられ，山間地に居住していても都市部で就業できる地区が広がったことも人口減少の縮小に影響を与えている．ただし，人口減少率が小さくなったのであり，山間地での人口減少が継続していることに変わりはない．

1990 年以降になると，人口減少率を示す地区は再び多くなった（図 2.1.1）．その特徴として，年々人口増加率の値は小さくなる傾向を示し，人口が減少している地区はより人口減少率が大きくなった．

2000 ～ 10 年の人口増加率の分布をみると（図 2.1.4），この時期に人口減少率が高い地区は，かつての人口減少地帯に一致し，人口増加は，平野部の限られた地区のみとなった．それは高齢化の進展と生産年齢人口の流出が要因であり，人口統計的には自然増加率の著しい低下と社会的移動のマイナスに表れる．図 2.1.5 は，中国・四国地方の高齢化率を地図化したもので，高齢化率 40％の高い地区は，山地地域に分布し，人口減少地区

とほぼ一致し，20％以下の地区は瀬戸内地域と，かつての地方小都市中心である．

3　現在の過疎地域

日本において工業化・都市化の進展した 1960 年代，中国・四国地方は，かつての土地・風土に根ざした経済社会の衰退をもたらし，新たな地域編成に進んだ．すなわち，瀬戸内地域（阪神地域も含めて）とそれ以外の地域（中国・四国山地地域）との格差拡大である．中国・四国山地地域は次世代を担う若年層が流出すると同時に，人口構成の高齢化が著しくなり，深刻な過疎化に悩まされるようになった．

国は，「人口の著しい減少に伴って地域社会における活力が低下し，生産機能及び生活環境の整備等が他の地域に比較して低い地域の自立促進を図り，住民福祉の向上，雇用の増大，地域格差の是正及び美しく風格ある国土の形成に寄与することを目的」として『過疎地域自立促進特別措置法』（2000 年法律第 15 号）を制定し，人口減少率や高齢化率が高く，財政力指数が低い自治体を過疎

第1節　中国・四国の人口変動　41

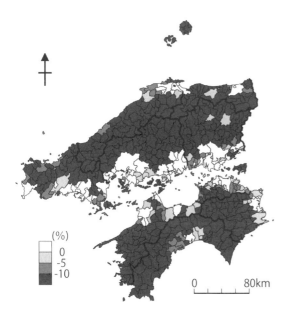

図 2.1.2　人口増加率（1960～70 年）
資料：（財）統計情報研究開発センター・（財）日本統計協会編（2005）：『市区町村別の長期系列―大正9年（1920）～平成12年（2000）―』．

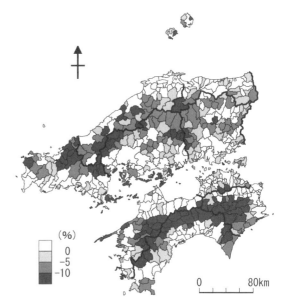

図 2.1.3　人口増加率（1975～85 年）
資料：図 2.1.2 に同じ．

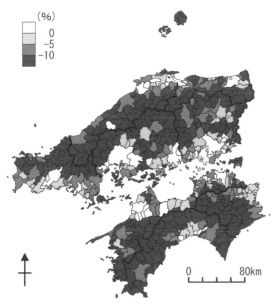

図 2.1.4　人口増加率（2000～10 年）
資料：図 2.1.2 に同じ，および 2010 年国勢調査「人口等基本集計」（都道分別）．

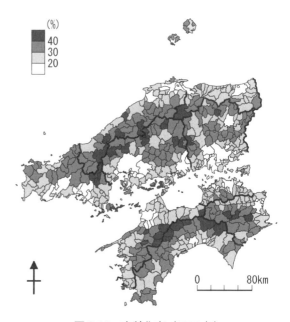

図 2.1.5　高齢化率（2000 年）
資料：図 2.1.2 に同じ．

地域に指定している．中国・四国地方の過疎地域指定市町村（一部指定を含む）は 145 市町村にのぼり，全市町村の 71.8％（過疎地域指定割合）を占める．近年の市町村合併によって市域の一部に過疎地域が編入されたこともあり，過疎地域指定市町村は多数にのぼるが，全体として山陰地方および南四国地方において市町村域全部が指定を受ける市町村が多く，瀬戸内海に面する市町村で

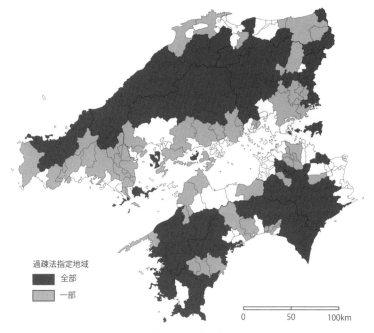

図 2.1.6　過疎法による地域指定（2000 年）
注：『過疎地域自立促進特別措置法（2000 年)』による地域指定
資料：中国四国農政局「中国四国管内における地域振興立法 5 法指定地域の状況等一覧」http://www.maff.go.jp/chushi/chusankan/pdf/gohousitei140401.pdf より作成.

は指定なしか，一部指定の市町村が多くなり，山地地域と沿海地域の差が明らかである（図2.1.6）. なかでも島根県はほぼ全県が過疎地域指定を受け，愛媛県，高知県も過疎地域指定の市町村割合は 80％を超えている．この割合が最も低いのは香川県であるが，県の面積が狭く，そのなかで山地割合が低いためである．

　地域における急激な人口減少は，何も対策をとらなければ，地域生活を支えていた経済・社会機能の衰退と社会そのものの崩壊をまねくことになる．それは，地域の人びとが参加することで成り立っていた生活道や水路の管理，農地・林地の維持，農林業の共同作業，防災，さらには伝統行事をはじめとする地域の行事などが成り立ちにくくなるからである．また，公共交通機関，医療機関などの生活関連サービス業の多くは利用者の減少によって成り立たなくなり，それが路線バスの廃止，学校の廃校，医療機関の縮小などをもたらすことになる．とくに高齢化が著しい山村において，多様な生活関連サービスの享受が困難となれば離村することも選択肢となり，さらなる人口減少による集落の消滅さえもたらすことになる．

　今日の地域振興は，地域に根ざした手段による発展方向が重視されるようになっている．現在，地域に賦存する多様なものを見直し，それを資源として評価し，活用する方法が注目されている．小さな地場産業あるいは第 6 次産業化によって，集落規模は縮小しても基本的な生活機能を維持する方策が必要である．また，小規模で分散化する集落の配置に対応した多様なサービス拠点を配置し，それらをネットワーク化して，少子・高齢化，過疎化に対応するサービス提供の可能性を模索することが求められ，その担い手として地域内外のNPO や地域出身者の U ターンや地域外出身者の I ターンを促す方法を考えることも課題である．

（中村康子）

第2節　中核都市 広島の変容

1　中国・四国地方の中核都市 広島

　太田川の低平な三角州のうえに広がる広島は，1589年この地に居城を構えた領主毛利輝元によってその名が付けられた．その後，福島正則から浅野氏へと継がれ，250年間の浅野藩43万石の支配を経て版籍奉還を迎えた．1889（明治22）年に市制をしいた当時の広島は，戸数2.4万戸，人口8.3万人の県都であったが，日清戦争を機に軍の大本営が置かれて以来，西日本最大の軍事都市として発展を続けた．山陽本線の開通や宇品港の整備はいずれも軍事拠点としての役割を果たすものであった．

　1945（昭和20）年8月6日に世界で初の原子爆弾が投下された広島は，「軍事都市」から「平和都市」に転換した．1949年広島平和記念都市建設法の施行で都市内部の整備が本格化し，新全国総合開発計画のなかで広島は中四国の中枢管理都市として位置づけられた．その結果，周辺町村との合併が進み，1980年には全国で10番目の政令指定都市となった．1985年には日本一のマンモス町であったベットタウンの五日市町と合併し人口100万人を突破，現在は119万1030人（2015年12月末現在）の全国10位の人口を有する．

　広島は平和都市に加え，原爆ドームと厳島神社という2つの世界遺産を有する観光都市のイメージが強いが，発展を支えたのは重工業である．軍都時代に蓄積した技術と施設をベースに，三菱重工業の造船や東洋工業（現マツダ）の自動車など，機械工業が急速に発展した．

　高度経済成長期に日本の国内市場は急速に拡大するが，商品を販売する企業にとっては広域化する市場地域をより効率的に維持管理するための拠点が必要となってきた．そのため，支店・営業所が全国に配置され，札幌，仙台，広島，福岡といった地方ブロックの拠点には都道府県を越えた広い範囲を管轄する事業所が多数集積することになった．このように成長した都市が広域中心都市である．広島市は国際的認知度が高い一方，都市経済を支えるサービス業の発展が札幌，仙台，福岡の3市に比べやや劣るという特徴をもつ．

2　中心地区と再開発

　広島市は原爆被害に伴って，旧城下町の空間構造に大きく規定されながら全国でもいち早く都市整備を進めてきた．

　広島市中区の紙屋町・八丁堀地区は中心業務地区（CBD）および中心商業地区として都心を形成している．この地区は紙屋町のバスセンターにデパートが開業して以来，アストラムラインの開通，地下街シャレオの開業，家電量販店の集積により集客力は市内最大となった．さらに周辺地域の再開発によるパルコの開業や東急ハンズの開業により周回性をもたせるような買い物行動が創出されている．しかし，周辺地区の再開発地区，郊外のベットタウン開発地区，臨海部の埋め立て地，安芸郡府中町のキリンビール工場跡地などに大規模小売店舗が相次いで進出している．これら大型施設には住宅地開発が進む地域からの集客だけではなく，山口県や島根県など隣接県から高速道路を使って来る利用客も多い．これに伴い中心地区における既存の商業地区は少なからず影響を受けており，中心商業地区に位置する本通り商店街では地元商店が相次いで閉鎖し，域外資本の店舗へと

写真 2.2.1　域外資本店舗が並ぶ本通り商店街
撮影：守谷富士彦，2015 年 5 月 24 日．

業態変化している．具体的には，高級専門店から日用雑貨や薬を扱うディスカウントストアやパチンコなどの娯楽・遊戯施設へと転換しているところもみられる（写真 2.2.1）．

一方，広島駅周辺と旧市民球場跡地の 2 か所の再開発の動きが注目されている（図 2.2.1）．広島駅周辺は，かつては駅前商業地として発展したが，現在は老朽建築物が密集し，また低・未利用の公有地があるなど，広域交通ターミナル広島駅の活性化のためにも再開発の必要が認識されていた．

広島の都心と郊外を結ぶ路面電車のターミナルとなっている駅南では，A ブロックでいち早く再開発が行われ，1999 年に地元資本の福屋デパートが開業した．B ブロックおよび C ブロックでは，建物の不燃化，土地の高度利用，都市機能を更新，商業機能の集積，都心居住の推進などを目的に，住宅，商業施設，事務所，駐車場を兼ねた高層ビルが建設されている．C ブロック再開発ビルの住宅（地上 46 階，高さ約 166m，2017 年度完成予定）は 356 戸全邸が完売となっており，都心回帰の傾向が現れている．

一方，新幹線口となる駅北の若草町地区では，遊休地化した土地利用から，新都心成長点としての業務・商業・都心居住などの複合機能の導入を図った．中国地方最大規模の未利用国有地となっていた二葉の里地区は，未来創造拠点として都心居住機能，医療・福祉機能，教育・人材育成機能，業務機能の備わった複合的都市機能の導入が検討されている．

2009 年に駅東の貨物ヤード跡に新広島市民球

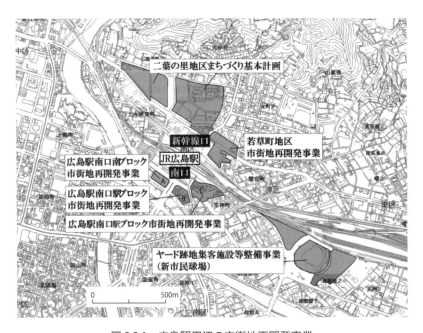

図 2.2.1　広島駅周辺の市街地再開発事業
資料：広島市役所 HP から作成（最終閲覧日 2016 年 6 月 30 日）．

場（MAZDA Zoom-Zoom スタジアム広島）が完成した．新球場は野球観戦しながらバーベキュー等を楽しめる「パーティグリル席」や寝転がって観戦できる「寝ソベリア」など多様な座席設定がされ，MLBのボールパークの考え方を多く取り入れ，新たな観光資源になっている．

一方，旧市民球場跡地の再開発は，都心や平和記念公園に近いこと，広大な敷地であること，近隣に文化施設や運動施設が集積していることから，様々な再開発用途の可能性があり，議論となった．各施設の老朽化への対応や平和公園と中央公園との統一感不足が課題となっており，現在では施設の再配置や，平和記念公園から広島城への回遊性を高める工夫が計画されている．

3　市街地の拡大と郊外住宅問題

広島市は経済機能に加え，大学などの文化社会機能，行政機能をもつ中核都市として発展していった．都市機能の集中は人口増加をもたらし，都市圏を拡大させた．とくに郊外での住宅開発が著しい勢いで進んだ．

太田川の三角州に広がる広島市は低平な平野が限られているため，住宅の多くは山地斜面に向かった．しかし，急速な宅地開発は災害面での危険性が増大することになり，1999年6月の集中豪雨に新興住宅団地で土砂災害が頻発し，多くの被害をもたらした．2014年8月豪雨に伴う広島市北部の土砂災害は記憶に新しい．

さらに，郊外人口の増加は，交通渋滞の日常化をもたらした．とくに山地斜面の住宅ではバスとマイカー通勤に依存せざるを得ず，交通渋滞の主たる要因となった．その対策として，1994年に新交通システムであるアストラムラインを開通させ，広島高速やバイパスの整備を進めている．

また，近年は郊外住宅地の高齢化とそれに伴うフードデザート問題がある．郊外の住宅団地は比較的短期間に供給され，販売価格や居住面積が画一的であることから居住者の年齢構成や所得水準が偏る傾向にある．そのため居住地域は均質的なコミュニティとして形成され，居住者全体が同様のライフステージへと進んでいくようになる．既に30年以上経過した住宅団地では，子どもが独立したライフステージにあり，親の世代だけ残る世帯が多くなっている．郊外住宅団地では居住者の加齢による高齢者実数の増加に加え，若年世代の減少によって相対的に高齢者の割合が著しく増大し，高齢化が顕著となる．こうした郊外住宅団地では，コミュニティ活動の担い手となる人口が減少し，街の活気を失い，衰退地域となる．

住民の高齢化は消費行動にも大きな影響をもたらす．ある程度の規模をもった住宅団地では，スーパーや銀行，病院などの生活利便施設が計画的に配置された．しかし，高齢化と人口減少によって顧客・利用者が少なくなり，多くの商店や施設は閉店に追い込まれている．同時にモータリゼーションの進展は，団地内の住民に団地外の大型スーパーマーケットや安売り量販店へ買物に行くことを促す．一方で，自動車運転が困難となった後期高齢者など交通弱者は日常の買い物が困難となるほか，買い物を通した団地内の住民間のコミュニケーションが減少し，団地を支えようという意識も低くなる．こうした過程を経ながら少しずつコミュニティが崩壊していくことになる．

広島では郊外住宅団地の活性化に向けた取り組みの1つとして，2013年「住宅団地活性化研究会」が設置された（詳細は広島市役所HP参照．http://www.city.hiroshima.lg.jp/www/contents/1401067448449/index.html）．ここには市内各地の住宅団地の状況を評価・検討し，全団地のカルテが地図と共に掲載されている．また，郊外住宅団地間の情報交換や，行政や関係団体と協力した「空き家バンク」を設置するなど，空き家解消のための住宅流通の活性化を図ろうとしている．

（守谷富士彦）

第3節 地方都市 坂出の商業と商店街

1 坂出市の発展と特徴

　坂出市は香川県中央部に位置している．市域の東は高松市，西は綾歌郡宇多津町と丸亀市に接し，北は瀬戸内海に面し，瀬戸大橋の四国側玄関口となっている．

　坂出市は1829年（江戸時代文政年間）に久米栄左衛門が入浜式塩田を開拓したことによって臨海部に製塩業が発達し，同時に坂出港は塩の積み出し港として繁栄した．この様子は1960年代の小学校社会科教科書『いろいろな地方のくらし』にも取り上げられた．さらに，坂出港が1948年に関税法による開港，1951年に港湾法施行令により重要港湾，翌年には出入国管理令（現：出入国管理及び難民認定法）に基づく外国人の出入国港となるなど，港湾都市として発展してきた．坂出港の輸出港としての役割は，神戸税関坂出税関支署が設置されたことからもわかる．

　第二次世界大戦後，番の州地区公有水面埋立事業が1965年から始まった．そこに番の州臨海工業団地が造成され，三菱化学，コスモ石油，ライオンオレオケミカル，川崎重工業，四国電力など，重化学企業の進出が相次ぎ，臨海工業地域として発達した．坂出市の工業出荷額は香川県第1位，四国でも第3位の地位を占めるに至った．

　こうした臨海型重厚長大型の工業立地は市の財政に大きく寄与し，同時に1970年代半ばまで人口増加をもたらした．しかし，その後の日本産業の構造転換は，臨海型工業の停滞をもたらし，市人口は1975年の6.7万人をピークに減少し，2016年には5.3万人となり，人口減少傾向にある．

2 坂出市の商業変化

　坂出市の商業変化を概観すると，1980年代半ばの小売店舗数は1,197であったが，1999年には1,000を下回り，2014年には431と半減し，小売業の衰退傾向を示している．一方，年間商品販売額は1994年に915.9億円となるなど，1990年代半ばまでは右肩上がりで順調に増加してきた（図2.3.1）．この年間商品販売額の増加は，

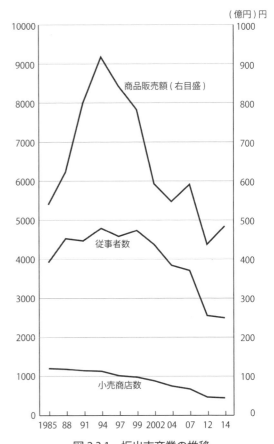

図2.3.1　坂出市商業の推移
資料：『坂出市統計書』31号より作成
（http://www.city.sakaide.lg.jp/soshiki/seisaku/toukeisyo.html）．

ニチイ坂出店（1993年坂出サティ，2011年イオン坂出店に変更，京町），ハイパーマートダイエー坂出店店（1993～2000年，入船町）等の大規模小売店舗の立地によるものである．しかし，その後はハイパーマートの閉店，イオン坂出店の売り場面積縮小等にみられるように年間商品販売額は著しく縮小傾向にあり，2016年にはピーク時のほぼ半額の484.5億円となった．ハイパーマート閉店後の跡地には，2005年にコメリホームセンター，ラ・ムー坂出店，ベスト電器（2013年にヤマダ電機テックランド坂出店に変更）が開店し，坂出市の年間商品販売額の回復が期待されたが，2000年代においても年間商品販売額の減少傾向は続いている．

他方で1商店あたりの年間販売額は1980年代半ばより増加し，2016年に1.1億円となり1985年の約3倍を記録した．これは小売事業所の著しい減少により，残存する事業所の販売額を統計上増加させるもので，皮肉な数字である．実際には大規模小売店舗に販売額が集中し，零細・中小規模の経営はきわめて厳しい状況にある．市内では1980年代半ばにローソンが坂出駅前に出店して以降，市内各地に大手チェーンのコンビニエンスストアが進出し，現在では市内に34店を展開するまでになり，小売業態の変化が進行している．

3 坂出市中心商店街の形成と衰退

坂出市の中心商店街は，高松藩五街道の1つである丸亀街道に沿って形成された街村に起源を持つと考えられている．1897年に讃岐鉄道の駅として坂出駅が丸亀街道付近の現在地に開業し，坂出港の整備が進み始めると，坂出駅～丸亀街道～坂出港に至る経路に沿って人や物資の流れがおこり始めた．丸亀街道沿いに元町名店街，本通り商店街，本町商店街が東西方向に形成され，本通り商店街，本町商店街の結節点と坂出港を結ぶ南北方向に，港町商店街と大黒町商店街が形成され，加えて元町名店街と坂出駅を結ぶ駅前通商店街，本通り商店街を南北に貫く元町栄筋商店街，大黒町商店街から西方向に分岐する鍛冶屋町通り商店街などが形成された．

香川大学教育学部地理学教室編（1972）によると，当時の坂出市中心商店街の総延長は3,355mで香川県内では高松市中心商店街に次いで第2位の長い商店街であった．坂出市中心商店街は521店舗あり，娯楽飲食店が104店舗，衣料品店が99店舗，文化品店が72店舗あり，買い回り品による集客性が高い回遊型の商店街を形成していた．

1980年代にモータリゼーションが進行し，国道11号線坂出・丸亀バイパスが全線開通，さらにさぬき浜街道（香川県道186号）が開通する

表2.3.1 琴参バス坂出市運行系統表（1981年現在）

路線名	運行系統名			運行回数
	起点	主な経由地	終点	
岡田線	坂出案内所	吉岡	東小川	3.0
	坂出案内所	吉岡	岡田	2.0
王越線	坂出案内所	高屋	王越	14.0
	坂出案内所	高屋	大屋冨	17.5
	坂出案内所	新開	米出	24.5
山田長炭線	坂出案内所	栗熊	柏原渓谷	1.0
	坂出案内所	栗熊	山田上	9.0
	坂出案内所	滝の宮	山田下	3.0
	坂出案内所	島田	栗熊	7.0
	坂出案内所	島田	東原団地	5.0
	坂出案内所	島田	長炭橋	6.0
瀬居線	坂出案内所	川崎重工前	瀬居中	8.0
観光線	坂出案内所	緑町	観光センター	3.0
	観光センター	田尾坂	坂出案内所	3.0
高松線	琴参本社前	八本松	高松駅前	24.0
	琴参本社前	昭和町	高松駅前	25.0
	坂出駅前	八本松	高松駅前	3.5
	坂出駅前	昭和町	高松駅前	3.5
	琴参本社前	宇多津駅前	坂出駅前	2.0
	琴平営業所	丸亀通町	坂出駅前	37.5
	琴平営業所	八本松	高松駅前	1.5
	琴平営業所	昭和町	高松駅前	4.5
川重線	坂出案内所	宮の下	川崎重工	1.0
競艇線	坂出駅前	宇多津駅前	競艇場	2.0
	高松駅前	坂出	競艇場	5.0
計				215.5

48　第2章　中国・四国地方

など，坂出市内の交通体系が様変わりするなかで消費者の買い物行動も大きく変化した．1980年代半ばまで，JR坂出駅から中心商店街を経て坂出港に至る人の流れと琴平参宮電鉄のバス路線（表2.3.1）にみるように周辺市町から集客することによって繁栄してきた中心商店街は大きく変容することになった．

図2.3.2は，坂出市中心商店街の現況をみたも

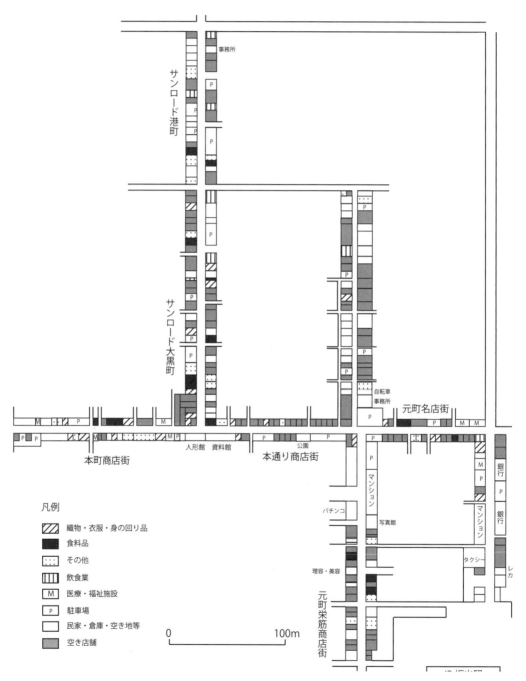

図2.3.2　2010年代半ばの坂出市中心商店街の状況
資料：坂出市商工会議所資料および現地調査により作成．

のである．坂出商工会議所（2015）によれば，中心商店街の空き店舗率は49.0％であり，坂出市商店街連合会に加盟する商店街全体の空き店舗率40.9％を大きく上回っている．かつて中心商店街に最も多かったのは，娯楽飲食店である．1960年代後半には104店舗が立地していたが，2016年には8店舗にまで激減した．番の州工業地域の発展に伴い，幸通商店街や鍛冶屋町通商店街に多数の雑居ビルが立地し，そのなかに多くの娯楽飲食店が入居した．しかし，番の州工業地域の合理化や産業構造の変化によって企業の縮小・撤退が相次いで，従業員数が減少に転じ，それに伴って娯楽飲食店は激減した．

現在，坂出市中心商店街で最も多い小売業種は衣料品店で18店舗ある．衣料品店は1960年代に各商店街に99店舗が立地していたことをみると約2割にまで減少した．一般に衣料品店は中心商店街の中核的な業種であったが，スーパーマーケットや大型衣料品店の成長によって衰退し，中心商店街をシャッター商店街に変えた大きな要因を形成した．商店街活性化のために，2001年元町名店街の閉店した商店を市の助成などで安く借りることができる制度が導入されたが，1件の応募者もなかった．坂出市の中心商店街は2000年代後半に幸通商店街振興組合と鍛冶屋町通商店街振興組合は解散するに至っている．

中心商店街の衰退は，中小小売店舗のみならず地場資本のスーパーマーケットの撤退にも及んだ．2000年10月には，本通り商店街に位置していた地場の「トミー」が閉店した．トミーは生活必需品を中心とし品揃えで売り上げを伸ばし，最盛期には県内に9店舗を擁し，県内第3位の規模にまで成長していた．トミーの閉店は坂出市中心商店街の集客力低下を決定づける出来事であった．

こうした坂出市中心地域の経済活動の縮小は金融機関の立地にも影響を与えている．かつて坂出市は中讃の商都と呼ばれ，坂出市中心商店街には，3つの金融機関が立地していた．しかし，1989年10月本通り商店街と元町栄筋商店街の結節点に立地していた四国銀行坂出支店（本店高知市）が約400m北の駅前通沿いに移転した．1991年3月末にはサンロード港町に位置していた高松信用金庫坂出中央支店が閉店し，約300m北の県道33号線沿いの坂出支店に統合された．さらに，2002年には百十四銀行坂出支店坂出本町出張所が閉店した．この店舗は1930年に高松百十四銀行坂出支店として開業した後54年間営業し，1984年9月に約500m北の県道33号線と駅前通商店街の結節点に移転した．支店移転後も坂出支店坂出本町出張所として営業したが2002年に坂出本町出張所は閉店となった．その後は建物内部で店舗外ATMとして活用されていたが，2016年に完全閉店となった．この結果，丸亀街道の街村に起源をもつT字型の中心商店街からは金融機関がすべて消滅することになった．

4 商店街の再生

坂出市は，坂出駅を中心とした130haの範囲内に都市機能を集積させたコンパクトシティ構想を掲げている．「人が常住している所に，商売は成り立つ」との考えのもと，2016年に「坂出市まちなか中高層共同住宅建設促進事業」を策定した．これは，集合住宅を建設する業者に最大5,000万円の補助金を出すことによって，分譲価格を引き下げ人口の都心回帰を進めようとするものである．また，坂出市商店街連合会も商店街全盛期の花形イベントであった土曜デーを再開させるなど賑わい創出に取り組んでいる．また，飲食店を積極的に誘致することで，回遊性の高い商店街を復活させようとしている．しかし，車社会に対応できない中心部の賑わいを取り戻すことは容易ではなく，中心商店街再生の課題は山積している．

（渡邊　剛）

第4節　中山間地域 梼原の景観

1　日本の原風景「棚田」

　中山間地域とは，都市部や平地以外の傾斜地や山林の多い地域のことで，平野の外縁部から山地をさす．水源涵養など国土保全に重要な役割を担っているが，高齢化や過疎化で集落の維持が難しいなど課題も多い．山地の多い日本では，このような中山間地域が国土面積の約7割を占めている．この地域における農業は，全国の耕地面積の約4割，総農家数の約4割を占めるなど日本の農業の中で重要な位置を担っている．

　この中山間地域の傾斜地には「棚田」が多くみられ，特徴的な景観をみせる．棚田は傾斜度が1/20（水平方向に20m進んだ時に1m高くなる）以上の階段状の水田を指す．

　棚田は飛鳥に都が置かれる前から存在し，多大な労力と技術を駆使して造成された「農民労働の記念碑」であるが，平野部の水田に比べ「労力は2倍，収量は半分」といわれるように作業効率が悪く，生産性が低いなどの理由から耕作放棄が拡大している．とくに米の生産調整（減反政策）が始まった1970年以降，棚田の転作や放棄が見られるようになり，消滅の危機に瀕するようになった．

　棚田が荒廃していくなか，その状況を改善しようと1995年6月に新潟県松之山町（現十日町市）で「たんぼシンポジウム」が，9月には高知県梼原町で「第1回全国棚田（千枚田）サミット」が行われ，「全国棚田（千枚田）連絡協議会」が発足した．また，同年12月には棚田の現状に危機感を感じた都市住民によってNPO法人「棚田ネットワーク」が設立され，その後1999年8月には「棚田学会」が発足した．

　棚田が人びとの関心を集めるようになった契機の1つに，景観の美しさがある．この頃，イギリス人写真家のジョニー・ハイマスが松之山町（現十日町市）を撮影した『たんぼ』（1994）や，琵琶湖にある棚田風景を撮影した今森光彦の『里山物語』（1995）等，写真集が相次いで出版された．日本の原風景ともいえる棚田がもつ景観美が大きく取り上げられ，注目されるようになった．

　また1995年，「フィリピン・コルディレラの棚田」が世界遺産に登録されたことを契機に，稲作などの「農林水産業に関連する文化的景観」が注目されるようになった．日本でも有形・無形を問わず，歴史的な価値を有する文化的な所産を広く文化遺産として評価し，新たな保存・活用の対象として位置づけるようになった．

　このような状況をふまえ，1999年5月，「姨捨（田毎の月）の棚田」（長野県千曲市）が，続いて2001年1月，「白米の千米田」（石川県輪島市）が国の名勝に指定された．指定を受けたこれらの棚田では，生態系の維持など棚田が果たす多様な機能にも注目しつつ，とりわけ文化遺産として棚田がもつ高い文化的価値を後世に伝えるために様々な取り組みが行われている．

　また2006年1月，日本で最初の「重要文化的」景観として，「近江八幡の水郷」（滋賀県近江八幡市）が選ばれた．2008年7月には「蕨野の棚田」（佐賀県唐津市）と「通潤用水と白糸台地の棚田景観」（熊本県山都町）が棚田として初めて選定された．2009年2月には「四万十川流域の文化的景観　上流域の山村と棚田」（高知県梼原町）も選定された．

2 棚田の役割

現在日本には約250万haの水田があり，棚田はそのうち約22万ha（8％）である．そのなかには休耕地も含まれており，減反政策が開始された頃に比べると，現在棚田の放棄率は50％近くになっている．

棚田は農業生産の場としての機能以外にも国土・環境保全，農村の美しい原風景の形成，伝統・文化の継承など多面的な機能をもっている．つまり，棚田は国民の健康的でゆとりある生活を確保するうえからも大きな役割を果たしている．

1999年11月，農林水産省はこのように機能を有している棚田について，その維持や保全のための整備活動を推進し，農業・農村に対する理解を深めるため，優れた国内の棚田100か所あまり（134地区・117市町村）を「日本の棚田百選」に選定した（http://blowinthewind.net/tanada/100sen.htm）．その選定理由は，①営農の取り組みが健全であること，②棚田の維持管理が適切に行われていること，③オーナー制度や特別栽培米の導入など地域活性化に熱心に取り組んでいること，を基準とした．中国・四国地方では19市町村・22地区が選定された（表2.4.1）．

3 棚田オーナー制度

後に第1回棚田サミットが開催されることになる高知県梼原町神在居地区で1992年，最初の棚田オーナー制度が始まった（図2.4.1）．

梼原町は高知県西北部に位置し，坂本竜馬脱藩の道沿いにある．日本三大カルストの1つ，四国カルスト台地に囲まれ，清流四万十川の源流にあたる．人口3,984人で高齢化率は39％（2010年，国勢調査），面積は2万3,651haで，うち91％が森林である．

梼原町を訪れた作家・司馬遼太郎は，天に向かって幾重にも重なる千枚田の様子を見て，「万里の

表2.4.1 中国・四国地方における棚田百選認定地域

県名	市町村地区
鳥取県	岩美町横尾，若桜町つく米
島根県	益田市中垣内，雲南市山王寺，奥出雲町大原新田，邑南町神谷，浜田市都川・室谷，吉賀町大井谷
岡山県	久米南町北庄・上籾，美咲町小山・大垪和
広島県	安芸太田町井仁
山口県	長門市東後畑
香川県	小豆島町中山
愛媛県	内子町泉谷，西予市堂の坂，松野町奥内
徳島県	上勝町樫原，三好市下影
高知県	梼原町神在居

資料：農林水産省の資料より作成．

図2.4.1 棚田サミット（第1回〜21回）開催地
資料：全国棚田連絡協議会HPより．

長城にも匹敵する」と驚嘆したそうである．梼原町の標高は220〜1,455mと高低差があるため，昼と夜の寒暖差によって美味しい米ができる．現在，2.5haの面積，平均勾配1/10の地域に250枚ほどの棚田があり，法面構造は石積みである．営農の状況としては，11戸で1戸平均0.23ha，平均22.7枚の棚田を維持している．

梼原町は棚田をふるさと景観の重要な資源として位置づけ，「都市に住む人も棚田のオーナーになれる」という都市農村交流のモデルを生み出した．現在，約30組のオーナーが稲作を実施して

写真 2.4.1　梼原町神在居地区の棚田
撮影：中島峰広氏提供．

おり，この効果によって耕作放棄地も減少している．オーナー制度が定着しているため，棚田の水路管理も良好である．

神在居地区（写真 2.4.1）では「千枚田ふるさと会」という棚田オーナー制度の運営団体を組織し，地域の棚田保全団体が活躍するようになった．棚田を所有する地元農民と行政が連携し，都市住民は農作業に足を運び，農家の人びとは技術の指導を行う．都市住民からは利用料が払われ，来られない作業は農家が維持経営にあたる．これにより棚田の保全，都市住民の来村による地域活性化が行われるようになった．

棚田オーナーの年会費は 150m² の農地で，四万十川（しまんとう）にかけて 4 万 0,010 円である．5 月中旬に田植えを行い，6 月中旬〜8 月中旬に草取りをし，10 月初旬〜中旬に稲刈り，10 月末〜11 月に脱穀，そして収穫祭を行う．収穫祭は脱穀や農家の手作りの皿鉢料理で収穫を祝うものである．参加の条件として，田植えは必須で，その他，自由参加のイベントとして，自分が作る田んぼを選ぶ抽選会（4 月），地元のお釈迦様祭りへの案内（5 月）等がある．特典としては，会員誌「たごとの月」の郵送や，白米 30kg と年 2 回（夏・秋）産地直送品の送付がある．また，町内の安い宿泊施設（カントリーハウス）を優先的に利用できる．農家とオーナーによる交流が盛んで，互いに親戚のような間柄になった人もおり，遠くは関東からも訪れている．

2006 年度より，同町四万川地区でもオーナー制度を開始した．近年，環境意識の高まりによって注目されている「合鴨農法」を取り入れた米作りが体験できる．

4　棚田の保全に向けて

棚田オーナー制度はその後全国に普及し，今では約 80 か所の地域で行われている．その追い風となったのが，国による「中山間地域等直接支払制度」である．中山間地域は傾斜地が多く，条件が不利な地域が多い．そうした地域の集落が，棚田等の農地を将来にわたり計画的に管理していく集落協定を結び，一定の条件を満たすと補助金が交付される仕組みである．2000 年度から始まり，2015 年度から農業の有する多面的機能の発揮の促進に関する法律「日本型直接支払制度」の 1 つに位置づけられた．

具体的には，地域振興立法で指定された地域の傾斜がある等の基準を満たす農用地について集落等を単位とする協定を締結し，5 年間農業生産活動等を継続する農業者等に対し，地目（田・畑・草地・採草放牧地）と傾斜の区分に応じて一定額が交付される．また，次のような場合には交付額が加算される．①農業や集落を将来にわたって維持するための取り組み（体制整備のための前向きな活動）がある場合，②複数集落が連携して広域の協定を締結し，新たな人材を確保して農業生産活動等を維持するための体制づくりを行う場合，③超急傾斜地（田：1/10 以上，畑：20 度以上）の農用地の保全や有効活用に取り組む場合，である．

制度開始 15 年で現場に定着したものの，積極的な取り組みが減少している．持続可能な棚田の保全が今後の課題となっている．

（秋本洋子）

第5節　広島湾のカキ養殖業

1　養殖業がさかんな瀬戸内海

　瀬戸内海は，東西約450km，南北15～55km，海域面積約2万3,000km²に及ぶ内海である．平均水深は約38mと浅く，おだやかな海面と入り組んだ海岸線が特徴である．瀬戸内海は700以上の島々から成り立っており，古くから海上交通のルートであるとともに，漁業が盛んに行われ，様々な魚介類が水揚げされている．一方で，戦後の高度経済成長期に沿岸部の都市化・工業化の進展に伴い，海岸の埋め立てによる漁場や藻場，干潟の喪失，工業排水，生活排水による海水の富栄養化や赤潮の発生などの環境問題が発生した．経済・社会の変化とともに瀬戸内海の様相は変わりつつある．

　瀬戸内海の漁業は，漁船漁業に加えて海面養殖業が盛んである．漁業生産量のなかで海面養殖業が占める割合をみると，全国平均は20.6％（農林水産省『海面漁業生産統計調査』2014年，以下同じ）であるのに対し，広島県86.9％，岡山県83.7％，香川県63.5％，愛媛県45.3％となり，瀬戸内海での海面養殖業が盛んであることがわかる．さらに，県別に養殖種類をみると，広島県では97％，岡山県では73％がカキの養殖である．香川県はノリの養殖，愛媛県はブリ，マダイ，真珠が養殖業の中心となっている．本節では広島県のカキの養殖業について取り上げる．

　2014年における全国のカキ生産量は18万3,685tであり，そのうち広島県が64％にあたる11万6,672tを生産している．次いで宮城県が11％，岡山県9％，兵庫県4％と瀬戸内海に面する県が生産量上位を占めている．広島県内におけるカキ養殖業経営体数は近年減少傾向にあり，1983年には587の経営体が存在していたが，現

写真2.5.1　広島湾のカキ養殖
注：手前が抑制作業中のカキ．奥に本垂下，身入り中の筏が見える．
撮影：番匠谷省吾，2016年12月．

写真 2.5.2　湾内の筏
撮影：番匠谷省吾，2016 年 12 月．

写真 2.5.3　漁船と筏
撮影：番匠谷省吾，2016 年 12 月．

在は 314（農林水産省『漁業センサス』2013 年）である．また，カキ養殖業者は広島湾を中心とした地域に集中しており，竹原市以東の地域には立地していない．

2　漁場の自然環境

カキの養殖に適する自然環境として，①地形・波高・潮流，②餌の量がある．まず，地形・波高・潮流であるが，広島湾は湾内を島々に囲まれており，湾内の潮の流れが穏やかになっている．広島湾では養殖の際に竹を四方に組んだ筏を利用している（写真 2.5.1 ～ 3）．潮流が穏やかなため筏を管理しやすいことが特徴である．なお，生産量第 2 位の宮城県では一部湾内を除いて比較的風波，潮流が早いため延縄養殖が行われている．このように，広島湾では穏やかな海で筏式養殖を行うことで海中を立体的に利用し，大量生産が行われている．

餌となるプランクトンに注目すると，広島湾に注ぎ込む太田川水系には窒素やリンが多く含まれているが，季節により湾内のプランクトン量は異なる．春～夏にかけては流れ込む栄養塩やプランクトンが沖合へと水平に移動するため，沿岸と沖合ではプランクトン量に差があり，沿岸は多く，沖合は少ない．しかし，秋に訪れる台風により湾内の海水が撹拌されたり，冬場の水温低下により海水が重くなったりするため，秋～冬にかけて沿岸と沖合の差は小さくなっていく．

古くは沿岸部での養殖が中心であったが，1960 年代頃より漁場は沿岸から沖合へと移動し，江田島湾や宮島周辺に拡大していった．これは，広島市の都市化に伴う沿岸漁場の環境悪化が要因である．とくに，沿岸部では埋立事業が行われ，多くの漁場を喪失した．埋立事業は 1990 年までに大部分が完了したが，埋め立てによる漁場の喪失により廃業した業者も多かった．

3　カキの養殖工程と漁場の空間的特徴

カキの養殖にはおおむね 2 年半近くの期間を要する（図 2.5.1）．1 年目の夏（7 ～ 9 月）には，沖合の海域にホタテ貝の殻を投げ入れ，カキの幼生を付着させる．これを「採苗」と呼ぶ．採苗されたカキの種は，沿岸部の干潟の棚に移動させる．潮の満ち引きで海水に浸かる時間を短くすることで成長を抑える．この作業は「抑制」と呼ばれ，翌年の初夏（6 月頃）まで行われる．2 年目に入ると，筏に吊るし海水のなかで成長させる．これを「本垂下」と呼び，海水の状況に合わせて深さを調整したり，筏の移動を行ったりする．約 1 年かけてカキを育成させる（2 年目夏～ 3 年目

第 5 節　広島湾のカキ養殖業　55

本垂下での漁場利用

身入り・収穫での漁場利用

図 2.5.1　カキの養殖工程と漁場
資料：アンケート調査（2003）から作成．

夏）．3年目に入ると，収穫前に身を太らす必要があるため，餌の豊富な沿岸部に筏を移動させる．これを「身入り」と呼ぶ．10月の出荷解禁を受けて収穫し，全国各地へと出荷されていくのである．

これらの工程は，湾内の1か所だけでなく江田島周辺や大黒神島などの沖合の海域と，太田川河口にあたる沿岸の海域とを移動しながら行っている．漁場利用の空間的特徴に注目すると，夏の時期の「本垂下」において沖合漁場が多く利用されていることがわかる．これは，沿岸部は夏になるとプランクトン量が多く，赤潮の発生の可能性があるからである．赤潮によって養殖中のカキが死滅しないよう，沖合へと筏を移動させる業者が多い．

このような漁場の移動は，経営規模とも関係がある．筆者が2003年に行ったアンケート調査によると，比較的経営規模の大きな業者は「本垂下」において大黒神島や江田島湾を多く利用しているのに対し，小規模な業者は沿岸部を利用している．これは，筏を浮かべる際に必要な入漁権の有無や，移動に必要な漁船を自社で有しているかどうかが要因である．

一方で，沿岸部では「身入り・収穫」において利用されている．収穫前の作業である身入りは秋～冬にかけての季節であり，この時期になると赤

潮の発生する心配がなくなるため，プランクトン量の多い沿岸部が最適の漁場となる．また，「身入り・収穫」において経営規模による漁場利用の違いはあまりみられない．

沖合の海域でも身入りや収穫が行われているが，これは収穫された場所で生食用か加熱用かが決まるためである．保健所により海域が指定されており，おおむね沿岸部は加熱用，沖合部は生食用となっている．生食用はプランクトンが少ない海域で養殖されており，比較的小粒であるのに対し，加熱用はプランクトンの多い海域であるがゆえに生育がよく，大粒のカキが多くなっている．

収穫されたカキは作業場に運ばれ，「打ち子」と呼ばれる人たちが殻から身を手際よく剥きとり，洗浄されたのちに全国各地へと出荷される．カキの出荷先は，歴史的に大阪を中心とした関西圏への出荷が中心であったが，近年は関東圏の出荷も増加している．東京市場に占める広島産のシェアは，37.1％（2000年度），23.3％（2008年度），20.4％（2010年度）と減少傾向にあったが，2011年度以降は50％前後となっている．これは，競合する産地である宮城県が，東日本大震災により被害を受け，生産・出荷量が減少したことが主な要因である．

4　カキ養殖業のこれから

多くの第1次産業にとって，労働力の高齢化と後継者不足は大きな課題としてあげられよう．先述したように，カキ養殖を営む経営体は減少傾向にある．労働力の高齢化をみると，広島県における全漁業就業者では60歳以上が58.5％であったが，主にカキ養殖を営んだ漁業経営体の就労者では60歳以上が35％（農林水産省『漁業センサス』2008年）となっており，労働力の高齢化は他の漁業に比べると進行していない．しかし，経営体は減少傾向にあり，今後も後継者不足は課題であろう．

また，自然環境への対応も今後の継続課題である．閉鎖性の高い広島湾は，赤潮の発生も多く，養殖業への影響も大きい．例えば，1998年に発生した赤潮は約40億円の被害をもたらした．赤潮そのものの発生を抑えるのは困難かもしれないが，過剰生産による環境悪化を避けたり，海底清掃や海底耕耘を行い，漁場環境を改善したりすることは重要である．

カキ筏はカキの養殖だけでなく，魚の産卵場所やえさ場としての役割も有しており，広島湾の生態系に大きな影響を与えている．そして，湾に浮かぶカキ筏は広島を代表する景観でもあり，冬になると県内各地でカキ祭りが行われている．また，広島市は1世帯あたり年間のカキ購入金額が2,723円（総務省統計局『家計調査年報』2013年）で日本1位の金額である．2位の高松市（1,704円）を大きく引き離しており，カキ養殖業は地域住民の食生活や文化の面からも重要な存在であるといえる．持続的な養殖業を行うために，養殖業は「環境にやさしいカキ養殖」を，住民は「環境負荷の少ない生活」を継続していく必要がある．

（番匠谷省吾）

第6節　瀬戸内工業地域の発展

1　瀬戸内工業地域の特徴

　本節での瀬戸内工業地域は，中国・四国地方の岡山県，広島県，山口県，香川県，愛媛県に展開する工業地域をさす．

　瀬戸内地域は，日本の政治・文化の中心であった近畿と九州，さらにその先の大陸を結ぶ交通路であり，水運の拠点となる港が各地に設けられ，古くから海運業や造船業が発達し，また，山口県宇部・小野田，愛媛県新居浜のように鉱産資源を基盤とした工業が立地していた．また，第二次世界大戦前に軍需（疎開）工場建設が相次いだ．

　第二次世界大戦後，軍需工場は蓄積した技術を元に民需への転換を進め，軍関係施設やその跡地も払い下げられた．企業はこれを積極的に利用し，臨海部に大規模な臨海型コンビナートが相次いで形成されることになった．また，1960年代には新産業都市と工業整備特別地域の産業政策が進められ，前者は岡山県南と東予（愛媛県），後者は備後（岡山県）と周南（山口県）が指定された．これもまた塩田跡地や遠浅の海岸を埋め立て確保した用地を利用し，大規模な工場立地を促すことになった．

　この結果，瀬戸内工業地域は高度成長期に，工場数，従業員数，出荷額等を大きく増加させ，基礎素材型産業が卓越した工業地域を形成することになった．

　2014年の瀬戸内工業地域の製造品出荷額等は30兆8,542億円で，全国生産の10.1％を占める．工業業種構成をみると（表2.6.1），基礎素材型産業の出荷額割合が55.3％を占め，なかでも山口県（71.0％），愛媛県（62.6％），岡山県（62.2％）の値はきわめて高い．これら3県は臨海部に石油・化学コンビナートを形成し，関連企業が集積している．一方，瀬戸内地域の加工組立型工業生産は出荷額の33.2％を占める．これは広島県の53.2％という高さによるもので，その他の4県は20～30％程度である．しかも瀬戸内地域の加工組立産業は，輸送用機械比率が高く，電気機械（2.5％），情報通信機械（1.0％）が低く，加工組立型にも偏りがある．生活関連型は歴史的な地場産業産地等が存続するものの出荷額の11.5％を占めるに過ぎない．

表2.6.1　瀬戸内地域の産業類型別製造業出荷額および構成比

	製造業計	構成比	生活関連	構成比	基礎素材	構成比	加工組立	構成比
岡山県	8,255,666	100	1,087,655	13.2	5,132,004	62.2	2,036,008	24.7
広島県	9,568,452	100	992,017	10.4	3,484,462	36.4	5,091,972	53.2
山口県	6,519,551	100	391,926	6.0	4,630,901	71.0	1,495,107	22.9
香川県	2,371,385	100	486,861	20.5	1,217,335	51.3	667,191	28.1
愛媛県	4,139,178	100	579,948	14.0	2,589,574	62.6	967,969	23.4
瀬戸内地域	30,854,232	100	3,538,407	11.5	17,054,276	55.3	10,258,247	33.2

注：1) 従事者4人以上事業所，秘匿データを除く．
　　2) 産業類型は経済産業省定義による．
　　　基礎素材型：化学，鉄鋼，金属，窯業・土石，木材・木製品，プラスチック，ゴム，パルプ・紙・紙製品，石油・石炭製品，非鉄金属
　　　加工組立型：電機，情報・通信機械，電子部品・デバイス，輸送用機械，生産用機械，はん用機械，業務用機械
　　　生活関連型：食料品，飲料・たばこ・飼料，印刷，家具・装備品，繊維，なめし革，その他
資料：各県『工業統計』2014年．

2　瀬戸内地域の工業分布とコンビナート

瀬戸内地域において製造品出荷額等を県別にみると，広島県が最も多く，次いで岡山県，山口県，愛媛県，香川県の順である（前掲表 2.6.1）．これを市町村（工業地区）別にみると，水島・児島地区を含む岡山県倉敷市で，瀬戸内工業生産の 15.1％を占める．次いで広島県広島 8.8％，福山 6.7％，山口県周南 4.2％，防府 3.6％と続き，この 5 地域で全体の 38.3％を占める（図 2.6.1）．以下，主要な臨海工業（コンビナート）地域を概観する．

(1) 岡山県水島（倉敷）

瀬戸内工業地域で最大の工業地域である．岡山県は戦前段階に綿紡績業，人絹（レーヨン）工業が発展し，戦後の合繊工業の基礎となった．1941 年に，岡山県水島に三菱重工業航空機製作所が疎開し，その後三菱自動車となった．

1961 年には川崎製鉄所水島製鉄所（現 JFE スチール西日本製鉄所）が操業を開始した．そのほか水島には三菱石油，日本鉱業，三菱化成（現三菱ケミカル），旭化成が立地し，三菱自動車を含めた水島コンビナートが形成されている（図 2.6.2）．

(2) 広島県福山

1965 年に当時世界一の生産量を誇る日本鋼管福山製鉄所（現 JFE スチール西日本製鉄所）が開設された．

(3) 広島県呉

呉海軍工廠のある広島湾沿岸を中心に軍需と結びついた造船や機械工業が発達した．また，平炉製鋼メーカーの日新製鋼は，1962 年に広島県呉

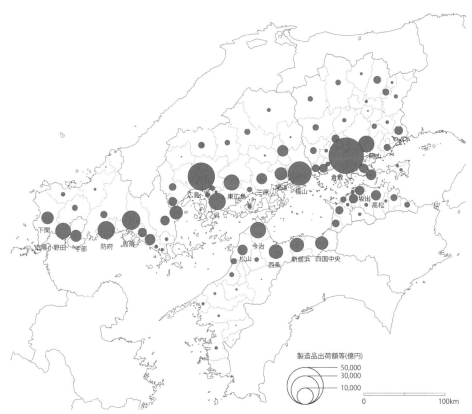

図 2.6.1　瀬戸内地域の工業分布（2014 年）
注：市町村別工業出荷額等，従業員 4 人以上の事業所が対象．資料：各県『工業統計』．

製鉄所に高炉を導入し，銑鋼一貫メーカーに転進した．

(4) 広島・東広島・防府

戦前に，工作機械製作を手がけてきた東洋工業（現マツダ）が，戦後三輪トラックの生産から四輪車・乗用車生産への転換を進めた．そこで広島付近では，マツダの組立工場と，多くの部品供給工場による集積が進んだ．マツダは，1982年より山口県防府で組立工場の操業を開始し，2か所の組立工場を拠点に自動車生産を拡大している．

(5) 岩国

1958年に三井石油化学（現三井化学）が山口県岩国の陸軍燃料廠跡で操業を開始し，国内初の石油化学コンビナートが生まれた．

(6) 山口県周南

1964年には出光石油化学（現出光興産）が海軍燃料廠跡に製油所を完成させ，東ソーやトクヤマなどソーダ工業から転換した企業と石油化学コンビナートを形成した．

(7) 宇部・小野田

豊富な石炭や石灰石と塩田の塩を利用したセメント生産や化学工業（ソーダ工業）が発達した．

(8) 香川県坂出番の州

坂出市の臨海部では1965年から番の州地区公有水面埋立事業が行われ，番の州臨海工業団地が造成された．造成地には三菱化学，コスモ石油，ライオンオレオケミカル，川崎重工業，四国電力などが進出した．

(9) 愛媛県新居浜

明治期に，別子銅山の開発が進み，1884年にはそれに近い新居浜に洋式の銅精錬所が建設された．これにともない住友化学，住友重機などの住友系の企業が相次いで立地した．1958年に住友化学がエチレン生産を開始し，石油化学コンビナートを稼働させている．

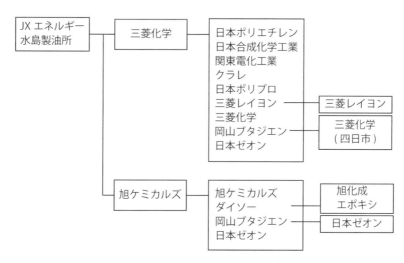

図 2.6.2　水島石油化学コンビナート関連

注：JXエネルギー水島製油所は2017年4月よりJXTGエネルギー水島製油所となった．三菱化学と旭化成ケミカルズは2016年4月にエチレン製造設備を集約，運営する会社として三菱化学旭化成エチレンを設立した．
　三菱化学は2017年4月より三菱樹脂，三菱レイヨンと統合し，三菱ケミカルとなった．
　旭化成ケミカルズは2016年4月より旭化成に吸収合併された．
資料：石油化学工業協会ホームページ（https://www.jpca.or.jp/62ability/Oplant.htm）．

3 変容する臨海型工業

1973年の第一次石油危機以降,瀬戸内工業地域の発展を支えた基礎素材型産業は,原料となる石油価格の高騰による生産費の上昇と,日本経済の停滞による需要の減退により,生産の縮小を余儀なくされた.これらに依存する瀬戸内工業地域は停滞期を迎え,工場数と従業員数は減少傾向にある(図2.6.3).

2000年代における瀬戸内工業地域の特徴は,第1に製品の高度化を進め,製造品出荷額等を維持していることである.鉄鋼業は,自動車や造船向けの高張力鋼板や表面処理鋼板,変圧器やモーター用の電磁鋼板などの生産を拡大させた.石油・化学工業では大幅な生産調整をすすめ,低燃費タイヤの原料となる合成ゴム,携帯電話や水族館水槽に使用されるアクリル樹脂板の素材など,高品質・高機能な基礎素材の開発や供給に専念している.

第2の特徴は,新たな製品分野への集中と選択と国際競争力の確保をめざして,従来の資本系列を超えた大型合併と再編を進めたことである.鉄鋼業は,2003年に川崎製鉄と日本鋼管の統合によってJFEスチールが誕生し,倉敷市の水島と福山の2工場は西日本製鉄所の事業所となった.2つの製鉄所はJFEスチールの中核事業所であり,世界最大の粗鋼生産量をもつ.石油・化学工業においては,2010年の新日本石油と新日鉱ホールディングスの合併でJXホールディングスが誕生し,2017年に東燃ゼネラル石油とも合併し,JXTGホールディングスとなった.これにより倉敷市水島にある2つの製油所が一体となり,日本最大の処理能力をもつJXTGエネルギー水島製油所となった.

その他,石油化学ではトクヤマ,日本ゼオン,住友化学,出光石油化学(現出光興産)などの事業統合や,小野田セメントと秩父セメント,日本セメント(旧浅野セメント)による太平洋セメント設立と合併が進んだ.造船業ではアイ・エイチ・アイ マリンユナイテッド(IHIMU-IHI(呉)と住友重機)と,ユニバーサル造船(日立造船と日本鋼管の船舶部門)が合併し,ジャパンマリンユナ

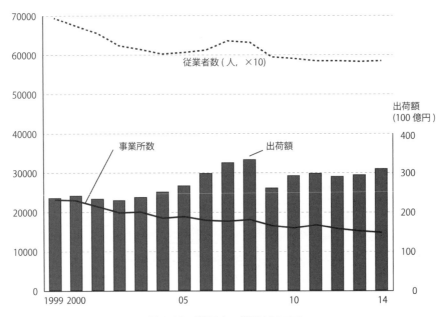

図2.6.3 瀬戸内工業地域の変化
資料:各県『工業統計』.

イテッド（JMU）となった．

　こうした企業の統合・再編は，生産規模を拡大させ，企業間の新たな連携によって企業体質の強化をはかり，国際競争力を向上させることを目指している．しかし，わが国の内需縮小が進むなかで，さらなる生産調整や選別の必要性も生じており，瀬戸内工業地域の工業は，業界再編を進める企業の経営方針や戦略に委ねられることになる．

4　瀬戸内地域の地場産業

　瀬戸内地域には，江戸時代の特産品を由来とする地場産業も多く存在している．児島湾をはじめとする海岸の干拓と塩田利用が進められ，各藩による特産物の生産が始まっている．塩田による大規模な塩生産に加え，倉敷の備前焼，花ござ，熊野の筆，讃岐の綿，砂糖，宇和島・大洲・吉田の和紙，伊予の綿織物などの特産物の生産が藩財政を支えていた．

　2015年現在，経済産業大臣指定の伝統的工芸品は，岡山県の備前焼，勝山竹細工，広島県の宮島細工，広島仏壇，熊野筆，川尻筆，福山琴，山口県の萩焼，大内塗，赤間硯，香川県の香川漆器，丸亀うちわ，愛媛県の砥部焼，大洲和紙の14品目が指定され，これ以外にもそれぞれの県で指定を受けている伝統的工芸品がみられる．これらの生産は主に中小零細企業によって行われている．

　備前焼は伝統的工芸品として古い歴史をもつ．備前焼は岡山県備前市伊部地区を中心として生産される陶磁器を総称するが，その地名から「伊部焼」とも呼ばれている．備前焼は地域から産出する鉄分を多く含んだ良質な粘土を使用し，釉薬等を使用せず焼成される．それ故，原料である土の風合いがそのまま製品に現れ，素朴でかつ窯変（焼成の過程で土が様々に変化する）によって味わいのある焼物を創りだしている．陶磁器はいくつかの種類に分けられるが，備前焼は鉄分が多く含んだ土を原料とし，高温（1,200〜1,300℃）で焼

写真 2.6.1　備前焼の窯元
撮影：上野和彦，2013年1月．

成されることから炻器（せっき）といわれる．

　備前市伊部地区は入り組んだ瀬戸内の海岸地域の一部であり，馬場川が瀬戸内海に通じる片上湾に注いでいる．市街地は南北を山と丘陵地に囲まれ，平地の面積は少ない．しかし，この平野部は中国山地から鉄分を多く含んだ土が長い間かけて堆積し，備前焼に欠かすことのできない良質な粘土を産出する場所となっている．また，山と丘陵地は登り窯の設置に自然の勾配を利用できるという優位な条件をもたらしている．

　明治以降，備前焼の需要は高まらず，細々とした生産を続けていたにすぎなかった．それが1956年4月金重陶陽の重要無形文化財（人間国宝）指定と民芸ブームのなかで，備前焼は次第に市場から見直されて生産が拡大し，生産者（いわゆる作家）も増加し，一点一点個性的な作品が作られている（写真2.6.1）．近年は観光需要にも対応した町並みも整備されている．

　その他の地場産業は，岡山県児島地区の足袋から転換した学生服やジーンズ，愛媛県今治の綿織物から転換したタオル，四国中央の和紙から転換した洋紙や，書筆から化粧用筆として成長した熊野筆など，既存の技術を生かしたうえで，製品を転換することによって成功し，国内外生産で高いシェアを占めているものもある．

（山田和利）

第7節　文学と歴史の観光都市 松山

1　いで湯と城と文学のまち・松山

　四国最大の人口（約51万5,000人，2016年）を擁する愛媛県松山市は，正岡子規の句「春や昔十五万石の城下哉」とあるように，江戸時代から伊予松山藩の城下街として栄えてきた．松山城をはじめ，由緒ある史跡や神社仏閣，我が国最古の温泉の1つとされる道後温泉など歴史的な名所を有する街である．さらに，藩政時代から伝統的に俳句が盛んで，明治以降も子規や河東碧梧桐，高浜虚子といった近代俳句の逸材を輩出，現在，市内には400以上の句碑が立ち並び，「俳都」として名高い．さらに，夏目漱石の『坊っちゃん』の舞台でもあり，文学的風土に恵まれた街ともいえる．

　松山市の文学遺産に着目した観光は戦前期から見られた．当時の観光案内書『観光の愛媛』（愛媛県観光協会編，1940）には，松山道後観光一日推奨コースとして，松山城山，石手川公園，石手川，道後温泉のほかに，子規・漱石の仮寓跡，子規・鳴雪理髪塔が取り上げられている．また，案内書の付録には松山市内各所で詠まれた俳句の一覧や『坊っちゃん』の一節が掲載され，文学ファンの需要に応えている（写真2.7.1）．こうした観光は2000年代以降，観光学分野でコンテンツツーリズムとして全国で注目されている．コンテンツツーリズムとは，「地域に関わるコンテンツ（映画，テレビドラマ，小説，マンガ，ゲームなど）を活用して，観光と関連産業の振興を図ることを意図したツーリズム」と定義されている．また，コンテンツツーリズムの根幹をなすものは，「地域に「コンテンツを通して醸成された地域固有の雰囲気・イメージ」としての「物語性」「テーマ性」

写真2.7.1　旧松山中学校跡地の碑
注：左の柱に漱石の俳句が刻まれている．
撮影：大矢幸久，2016年3月．

を付加し，その物語性を観光資源として活用すること」とされている（国土交通省他，2005）．近年，松山市では，文学作品やテレビドラマといったコンテンツを活用した観光振興や地域活性化が試みられている（コンテンツツーリズム学会，2014）．

2　松山観光の移り変わり

　第二次世界大戦後の松山市は，1951年に国際観光温泉文化都市建設法を制定し，松山城と道後温泉を中心とした観光開発・振興が図られた．松山城の修復・復元など文化財の保存，主要観光道路の整備や松山城ロープウェイの架設など観光資源へのアクセス整備が重点的に進められた．また，道後温泉では，新たな源泉や温泉供給施設が開発された．

　1960年代から70年代初頭にかけて，高度経済成長期の観光ブームを背景に，内湯完備の大型旅館・ホテルが次々と建設されたことで，観光客数が大幅に増加し全国屈指の温泉地となる．し

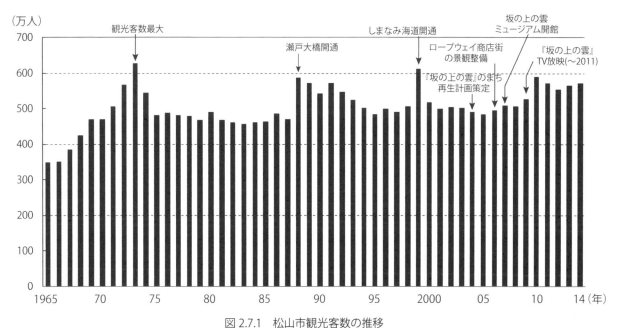

図 2.7.1　松山市観光客数の推移
資料：松山市観光・国際交流課『松山市観光客推定表』2016年.

かし，第一次石油ショックを契機に，1973年の626万人をピークとして松山市の観光客数は減少に転じ，その後，400万人台で推移するようになった（図2.7.1）．

松山市の観光客数が伸び悩むなか，瀬戸大橋（1988年）やしまなみ海道（1999年）の開通は，愛媛と本州を結ぶ交通の利便性を大幅に向上させ，観光の起爆剤として期待された．例えば，瀬戸大橋開通前においては，岡山・松山間は宇野線・宇高連絡船・予讃本線を乗り継いで約4時間45分を要したが，開通後は瀬戸大橋経由の予讃線特急で約3時間弱に，また，車による移動時間も6時間から2時間40分程度と大幅に縮減した．しかし，バブル崩壊後の景気低迷，社員旅行など団体旅行の減少，海外旅行人気の高まり，架橋効果による日帰り観光圏の拡大などが影響し，その効果は一時的なものに留まり，大幅な観光客数の増加には結び付かなかった．

3　小説を用いたコンテンツツーリズムの展開

こうしたなか，市は観光産業を中心とする第3次産業の振興をめざして，松山にゆかりのある小説『坂の上の雲』を活用したまちづくりを開始する．1999年から市長主導により「『坂の上の雲』を軸とした21世紀のまちづくり構想」が策定され，2001年策定の第5次松山市総合計画に盛り込まれた．『坂の上の雲』は，司馬遼太郎が1968年から4年間，産経新聞紙上で連載した長編歴史小説で，明治期の日本において近代国家の形成に奮闘する松山出身の軍人秋山好古・真之兄弟と俳人正岡子規の生涯を描いた作品である．まちづくり構想の基本理念には，「『坂の上の雲』をめざして」というスローガンを掲げ，官民が一体となって文学作品を活かした「松山ならでは」のまちづくりが推進された．その中核となったのが，『坂の上の雲』フィールドミュージアム構想である．これは，『坂の上の雲』ゆかりの史跡や

観光資源を発掘・再評価し，それらを結び付けて市全体を屋根のない博物館と捉えた回遊性の高い物語のあるまちを作りだすことをねらいとしていた．『坂の上の雲』を主軸にして，城，温泉，俳句，文学といった従来の観光資源を再編することで，幕末から明治に至る近代日本の息吹を感じられるまちとして「松山らしさ」を位置づけた．折しも，2002年にNHK『プロジェクトJAPAN』の一環としてスペシャルドラマ『坂の上の雲』の放送が決定し，2009年から2011年に渡っての3部構成で全13話が放映された．テレビドラマの放映は，こうした松山市の観光戦略を後押しするものとして期待された．

その結果，松山市の観光客数はドラマ放映開始前後の2009年から増加した．ドラマ放映により，『坂の上の雲』に対する認知度が高まり，ドラマの影響を受けて松山を来訪した観光客が4分の1を占めるようになった（いよぎん地域経済研究センター編，2010）．ドラマ放映終了後も観光客数はドラマによる特需が発生する前と比べて，50〜60万人増加し，特需の反動は少なかった．松山市の『坂の上の雲』を基本理念としたまちづくりは，ドラマ放映と相まって，新たな松山市の観光需要を創出し，観光客を取り込むことにつながったといえる．

4　新たな観光空間－ロープウェイ商店街

『坂の上の雲』を活用した観光振興として象徴的な空間といえるのが，松山市の中心市街地に位置するロープウェイ商店街である（写真2.7.2）．この商店街は，市内最大の繁華街である銀天街・大街道のアーケード街から連なる商店街であり，市電の最寄り駅から，松山城天守閣へと通じる松山城山ロープウェイとリフト乗り場への経路にあたる．中心市街地に位置するとはいえ，1990年代までは店舗やアーケードなどの老朽化が目立ち，空き店舗率も相対的に高い商店街であった．また歩道が狭く，松山城北側の住宅・文教地区と南側の商業地区を結ぶ通過経路に過ぎなかった．そこで，2000年以降，3つの地元商店街と行政が6年間の協議を経て，観光客など交流人口の増加や回遊型観光の構築を企図した都市再開発事業を開始，まちづくり交付金を活用して2008年に完了した．また，自主的に商店街内で町づくりの協定を結び，松山の象徴・松山城へのメインアプローチとして，歴史的な重厚さや落ち着いた雰囲気を体現する景観整備が行われた．

現在のロープウェイ商店街の様子をみてみる．付近には，松山城（写真2.7.3）の他に，フィールドミュージアム構想の中核をなす施設「坂の上の雲ミュージアム」や子規と漱石が同居した愚陀

写真2.7.2　ロープウェイ商店街の景観
撮影：大矢幸久，2016年3月．

写真2.7.3　松山城
撮影：上野和彦，2013年11月．

佛庵，旧藩主久松家の別荘・萬翠荘，秋山兄弟の生家などが位置し，江戸期から明治・大正期までの松山市の歴史を実感できる地区となっている．

商店街の入り口には，「松山城」と書かれたモニュメント性の高い門柱がそびえる．街路は，無電柱化や車道の1車線化，鋳鉄を用いた提灯風の街灯の設置が行われ，歩道は煉瓦材，車道は脱色アスファルトにより整備されている．沿道の店舗は，商店街共通の看板や照明，庇の設置やカラーバランスの調整も行われ，町屋風の落ち着いた，もしくは煉瓦風のレトロな雰囲気を醸し出している．

商店街の随所には，文学作品に関連した多くの意匠が見られる．商店街の入り口に建つ銀行には，大きく「『坂の上の雲のまち』松山」と書かれた看板が掲げられている．また，子規の俳句や『坊っちゃん』の一場面を壁面に塗装した商店を複数確認することができる．街灯には，小説『坂の上の雲』に書かれた一文や子規の俳句，坂の上の雲ミュージアムの広告等が掲げられている．ロープウェイ乗り場前では，秋山好古・真之，夏目漱石，正岡子規，河東碧梧桐，高浜虚子等の巨大な肖像画や『坊っちゃん』の登場人物をあしらった記念撮影用パネルが設置されている．また，商店街の共有スペースには，初代藩主の加藤嘉明公騎馬像や正岡子規句碑が建てられている．このように，ロープウェイ商店街は，『坂の上の雲』を軸にした松山らしい歴史性や物語性を体感できる空間として整備されている．

5 松山観光のこれから

2015年の松山市内における宿泊者数は過去15年で最高を記録，観光客数も高水準を維持している．しかし，観光客の集客を巡る地域間の競争がますます激しくなっている．今後，松山市は，2017年の子規・漱石生誕150年，2018年の明治維新150年を念頭に，『坂の上の雲』に象徴される「明治を体感できるまち」としてのイメージを継承しつつ，新たに，瀬戸内海の豊かな自然環境や対岸の広島県の観光資源との連携を活かした「瀬戸内・松山」構想を推進している．2013年に，観光庁により京都・広島・瀬戸内海道・松山ルートが訪日旅行の新ゴールデンルートとして指定されるなど，官民が連携して瀬戸内海・松山の広域周遊ルートへの外国人観光客の積極的な誘致が行われている．これまでの松山市のもつ歴史・文学遺産を中核としながら，地域に眠る観光資源を再評価・再定義し，新規の観光需要を開拓するなど，新たな「松山らしさ」像の構築が模索されている．

（大矢幸久）

概説3　人口の地域問題

1　人口の変化

　人口とは「ある地域に住む人間の数．英語のpopulationはもと〈人をふやす〉の意味をもつ．人口およびその変動は，社会発展の一つの重要な要因をなすとともに，社会発展の歴史的帰結でもある．」（百科事典マイペディア）．

　日本の人口は第二次世界大戦後，一貫して増加傾向を示し，2010年に1億2,806万人に達した．しかし，2015年には1億2,711万人となり，日本の人口はこの65年間（1950～2015年）ではじめて減少に転じた．人口の動向は，出生率と死亡率の差，いわゆる自然増加率に規定される．自然増加率は，1955～75年に1％を超え，1975～2010年まで日本の人口増加をもたらす大きな要因となった．しかしながら，1975年以降，出生率と合計特殊出生率（一人の女性が一生に生む子どもの平均数）は急速に低下傾向を示した．とくに後者は2005年に1.26と最低となり，その後やや回復したものの2015年速報値では1.43～1.45と推計されている．この数値は人口維持レベルとされる2.18に及ばない．この結果，日本の人口は，2010年以降純減段階に突入することになり，2035年に日本の人口1億人を下回ると予測されている．

　さらに日本の人口変動は，年齢別人口構造に大きな変化をもたらし，それが深刻な社会問題を発生させている．人口の年齢階層別推移をみる（図概説3.1）．生産年齢（15～64歳）人口比率は1990年69.5％，1995年69.4％となり，ピークを迎える．生産年齢人口の拡大は，経済成長を支える原動力となった（人口ボーナスといわれる）．しかしながら生産年齢人口はこれ以降低下傾向を示し，2010年に63.8％となった．

　一方，高齢人口（65歳以上）比率は，1970年に7.1％であったが，1995年14.5％，2010年には23.0％となった．WHO（世界保健機構）や国連の定義によると，超高齢社会に突入したとみられる．これは人口ボーナス期を支えた生産年齢人口の加齢による高齢化と，それらを補完すべき年少人口が出生率・合計特殊出生率の低下によって減少したことによるもので，日本社会は本格的な少子高齢化時代，いわゆる人口オーナス（重荷，負担）期に突入したことを示している．

　こうした年齢別人口構成の変化は，日本の経済・社会にマイナスの影響をもたらすという懸念が生じ，現実化しつつある．生産年齢にある人びとが何人の年少・高齢者を支えられるか（従属人口指数）．それは医療・福祉・年金・教育の費用をめぐっ

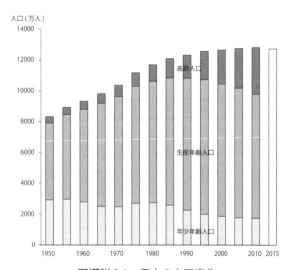

図概説3.1　日本の人口変化
資料：各年『国勢調査』（2015年は速報値）．

て世代間負担の問題に強く現れている．1990年頃生産年齢期にある100人の人びとは43.5人を支えればよかったが，2010年には53.8人と上昇し，2040年に72.2人となり，その後は100人を超える値になると推計されている．日本の人口構造は「騎馬戦型」から「肩車型」へ移行するといわれる．近年の少子化（子育て）対策の推進は，次の生産年齢人口を増加させるためのものである．

2 人口の地域変化

日本の人口変化は基本的に日本全体の出生率等の動向に強く規定される．しかし，地域の人口は自然増加率の増減に加え，人口の地域間移動などの社会的増減が加わり，それらが複合化して地域人口の変動をもたらしている．

図概説3.2は1985～2015年の都道府県別人口変化を10年前の人口と比較し，単純に人口増減の有無を図化したものである．1960年代の高度成長期は労働力の大都市移動によって地方の人口を減少させた．1970年代は大都市の過密化と生産機能の分散によって地方の人口減少に歯止めかけられ，1975～80年においては東京のみが人口減少するという状況にあった．しかし，1980年代半ば以降，東京は依然として人口を周辺地域に移動させて減少しているが，同時に再び地方の人口減少が生じ始めた．1990年代半ば以

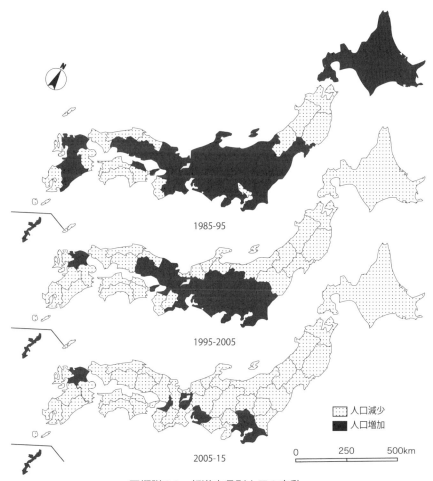

図概説3.2　都道府県別人口の変動
資料：各年『国勢調査』（2015年は速報値）．

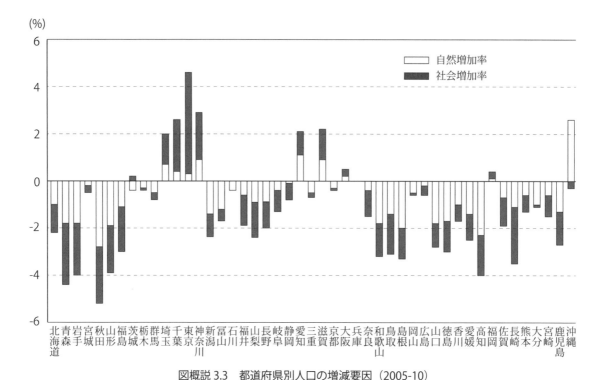

図概説 3.3　都道府県別人口の増減要因（2005-10）
資料：国立社会保障・人口問題研究所『人口統計資料集（2015）』
(http://www.ipss.go.jp/syoushika/tohkei/Popular/P_Detail2015.asp?fname=T12-04.htm).

降，人口減少地域は拡大し，増加地域は東海道ベルト地域（含首都圏）のみとなり，さらに 2000 年代半ばから今日までの増加地域は，東京圏と愛知，滋賀，大阪，福岡に収斂した．地域人口の増減は，日本の人口が増加傾向を示す時期においては，社会増加率の高低に規定される傾向があった．しかし今日のような人口縮小時期においては，地域人口維持のために自然増加率はきわめて重要な要素となった．図概説 3.3 において人口増加地域は，いずれも社会増加率が高く，とくに東京圏は社会増加率が高く，近年においても他地域からの人口流入による人口増加が継続され，いわゆる東京圏一極集中を強めている．しかし，自然増加率は低く，社会増加が止まれば次の段階は保証されていない．直近の国勢調査（2015 年）における大阪，首都圏（茨城・栃木・群馬），滋賀の人口減少がそれを物語っている．一方，愛知は社会増加率，自然増加率の値も比較的高く，均衡のとれた人口増加状況を示している．沖縄は，歴史的文化的にも独特の地域性を持ち，自然増加率の高さで地域人口を維持している．

図概説 3.3 の人口減少地域は，自然増加率，社会増加率いずれもマイナスを示す．とくに東北，北陸，山陰，四国，九州は社会増加率のマイナス値が大きく，それが自然増加率の低さをもたらして，さらに人口が減少するという悪循環に陥っている．これらの地域は，かつて若年労働力の供給地域であり，自然増加率の低下の要因となった．今日においてもそれが再現されている．その典型が，秋田，高知，島根などである．

人口オーナス期における自然増加率の低下は，流出人口の補完さえ困難となり，さらなる人口減少をもたらしている．地域人口の維持には，経済ばかりでなく，教育・福祉・環境・景観などの「生活の質」の向上が求められている．

（上野和彦）

コラム 3

多様な地域区分

　地域区分は1つあるいはいくつかの指標によって地表の一定の範囲を区分することである．その区分によって，1) 一定の特徴をもつ地域的範囲－等質地域があり，2) ある指標によって結びつけられる地域的範囲－機能地域がある．3) その他，行政的な区分や企業活動・管理などの区分があり，きわめて多様である（図コラム 3.1）．

　8地方区分は等質地域的意味合いをもつが，基本的には都道府県をまとめたもので，やや形式的地域区分である．しかし，行政の管理区域システムとしては重要な意味をもつ区分である．最も等質地域としての地域区分は，自然環境，食文化，言語等を指標としたものである．

　日本列島を大きく2つに分ける場合，糸魚川－静岡構造線を境に，東日本と西日本に区分している．この2区分法はNTTの地域区分にみられ，ほぼ構造線に沿った新潟，長野，山梨，神奈川県と富山，岐阜，静岡の境界線以東を東日本，以西を西日本としている（図コラム 3.1-a）．一方，気象庁気象予報に用いる地域区分は（図コラム 3.1-b)，地域の気象特性を指標に，大きく北日本，東日本，西日本とし，そのなかをいくつかの地域に分けている．この場合，NTT東日本と気象庁の東日本では大きく地域的範囲が異なっている．気象庁東日本は関東甲信・東海・北陸など，地域の自然環境を反映させた区分を採用している．

　食文化による東西区分はよく指摘されている．能登半島から紀伊半島東岸を南北に引かれる線を境に東が角餅，西が丸餅とされ，大きく二分される（図コラム 3.1-c）．文化圏は自然環境と歴史等が融合した固有の風土の反映であるが，それが人びとの移動によって各地に伝播する場合もある．

　さて，企業の活動と経営戦略は，結果としてよって地域を区分し，生活に影響をもたらす場合がある．2016年4月から電力購入・販売の自由化が行われることになった．それまでは法によって電力会社の供給範囲が決められ，企業・家庭は特定の電力会社からのみ購入する仕組みであった．いわゆる電力の地域独占であった（図コラム 3.1-d）．

　電力供給地域と関連して，日本の電力供給周波数も電力会社によって異なっている．いわゆる電力周波数の東西区分である．日本は静岡県の富士川と新潟県の糸魚川あたりを境にして，東側は50Hz（東京電力・東北電力・北海道電力），西側は60Hz（関西電力・中部電力・四国電力・中国電力・九州電力）の電気が送られている．こうした東西周波数の違いは，明治期東京電灯会社（東京電力）がドイツ製の50Hz，大阪電灯会社（関西電力）がアメリカ製60Hzの発電機を購入したことにある．前者は東芝（ジーメンスと技術提携），後者は三菱（ウェスティングハウスと技術提携）が販売と技術を担当した．すなわち，周波数による地域区分は当時の企業戦略と技術も大きく影響していたといえよう．

　しかし，電機機器の対応，電力販売の自由化によって，電力の東西区分は意味を失いつつある．

（上野和彦）

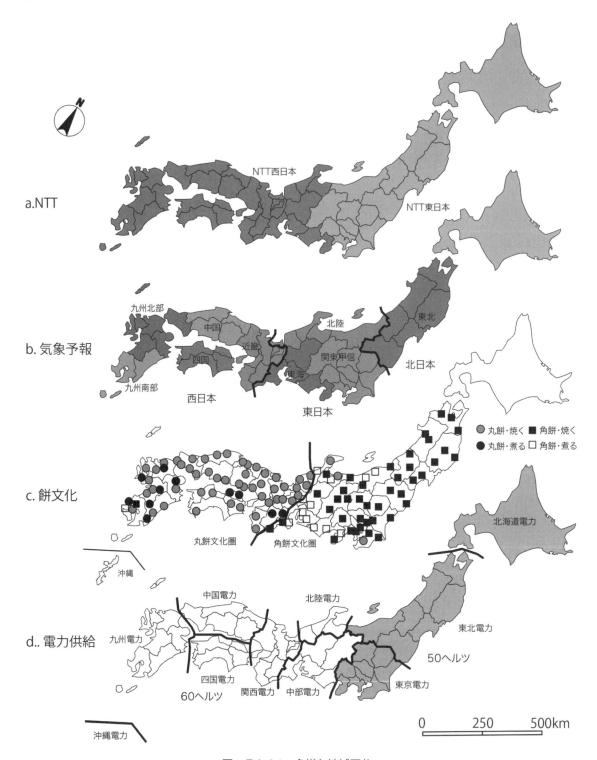

図コラム 3.1 多様な地域区分
資料：a. NTT 各社，b. 気象協会，c. 奥村彪生『日本列島雑煮文化圏図』，d. 電力各社等の資料による．

コラム4
WebGIS

WebGISとは

　地理情報とは，単純に考えれば「位置や空間に関する情報をもつ（地理）データ」であり，それを操作する情報システムをGIS（Geographical Information System; 地理情報システム）と呼ぶ．具体的には自然・人文・社会現象と，それらが保持する位置・空間結合させ，その結果をWeb上で表現できるようにすることである．

　そのために必要な事項は，第1に位置・空間情報を内包する自然・人文・社会現象に関する情報（例えば町丁名単位の人口データ等），第2は第1に対応した位置・空間情報をもつ電子地図（例えば町丁名区分単位の電子地図），第3は第1と第2を結びつけて地図化するためのソフトウエア，第4は第1～3をWeb上で表現できるソフトウエアとプログラミング等である．

　近年ではGISをより簡便に利用できるようにするための規格づくりが進み，GISソフトウエアでアクセスし，取り込めるものも多くなってきている．しかしこれも一定の専門的知識と技術が必要であり，容易ではない．本節では基本的な事項を解説する．

地理データと電子地図

　地理データとは，自然・人文・社会現象がどこで起きているかである．その「どこ」が位置・空間情報である．「どこ」は，地球上の位置情報であり，緯度・経度である．具体的には地震がどこで起きているか，米や野菜がどこでどの位栽培されているか，市街地の人口密度はどの程度か，走行している自動車は今どこにいるか，等々である．すなわち，地理データには多様な現象とそれが生起している位置が含まれている．例えば，米や野菜がどこで，どの位収穫されているかの地理データは，国・県・市町村・農業集落単位で集計されている．収穫量とそれが生じた位置を対応させるためには，データの地域スケールに対応した緯度・経度情報の取り込みが必要である．その1つの方法が電子化された地図である．

　国土交通省国土地理院は，明治時代以降，国土の基本図として紙の地図を公開，発行してきた．この基本図をデジタルデータ化したのが電子国土基本図である．電子国土地図は，多様な地図が使われ，様々なスケールで地図が表示できる．最も小縮尺の地図は日本の海岸線のみの地図が現れ，縮尺を大きくするにしたがって，都道府県の境界，等高線の段彩，交通網・河川と詳細な地名などの地図が現れる．現在，最も大縮尺の電子地図は，紙の地図2万5千分の1地形図がもつ内容を持ち，ディスプレー画面上ではおよそ1/1万以上の縮尺に設定したときに表示される．

　この電子地図には位置情報が内在し，その情報を利用して多様な分布図等を作成することができる．

　図コラム4.1は，静岡市駿河区の久能地区におけるいちご観光農園の分布を地図上に表したものである．図の作成は，(1)画面上でおよそ5千分の1の地図（2万5千分の1地形図の内容をもつもの）を表示する．(2)その地図にイチゴ観光農園の位置情報を登録し，保存する．ここで電子地図のもつ位置情報とイチゴ観光農園の位置情報が照合され，イチゴハウスの位置が表示される．イチゴ観光農園の位置情報は，空中写真からの情報取得やイチゴ農園の住所録等がある．また，イチゴ農園の位置情報を現地でGPSを用いて計測することもできる．

　ところで国土地理院がWeb上で提供する電子地図は一定の規格があるが，その他どのような規格の地図でも読み込むGISソフトウエアがある．

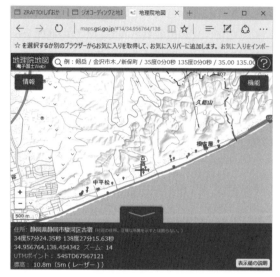

図コラム 4.1　電子地図上におけるイチゴ観光農園

データ閲覧システムとしての WebGIS

かつて紙の地図に描画されていた様々な情報は，今日，地理空間データとして提供されるようになった．しかし，多様な情報を電子地図化するには，元々のデータに対応した電子地図が必要であり，それを結合する GIS ソフトウエアの利用が不可欠である．さらに的確な情報結合のために専門的な操作が必要である．これを解消するためにデータ保有機関では，利用者がデータベースにアクセスし，それを電子地図化－例えば主題図化－して表示できるようなしくみを提供している（表コラム 4.1）．ここでは，いくつかの事例を紹介する．

(1) 国土情報ウェブマッピングシステム
　　　（http://nlftp.mlit.go.jp/WebGIS/）

このシステムは国土交通省国土計画局の WebGIS で，国土交通省の保有する「国土数値情報」をブラウザ上で閲覧できるようにするシステムである．無数にある国土数値情報ファイルをダウンロードしなくても，また，GIS ソフトウエアを使用できなくても，国土数値情報を視覚的に表示させてみることができる．

このシステムの特徴は，利用できるデータの種類が多い点と，複数の種類の地理情報をレイヤーとして管理し，重ね合わせて地図表現ができる点にある．

「国土数値情報」は，様々な種類の地図を数値化した地理データである．このシステムで利用できるものには，道路，鉄道，駅などの基本的情報のほか，水文情報（ダムや河川・湖沼），施設（学校，病院等の各公共施設），土地（土地利用と地価），自然（表層地質，地形，気温，降水量，積雪），産業統計（小売業，工業），指定地域（都市計画区域，農業振興地域など），沿岸域などに関するものなど多数ある．これらの地理データには，点・線・面のいずれかの図形と属性値とが記録されたベクトルデータと規則的に配列した方形の地区（メッシュ）を属性値によって塗り分けるメッシュデータがある．なお，地図表示の都合から，ベクトルデータからは複数のものを選択できるが，メッシュデータからはいずれか 1 つしか選択できない．また，データごとに表示可能縮尺の下限があり，地図の縮尺によって選択できるものとできないものがある．

(2) 総務省統計局 政府統計の総合窓口

e-stat「数字でみる日本」→地図や図表で見る→地図でみる統計（統計 GIS）（iSTATMAP）https://jstatmap.e-stat.go.jp/gis/nstac/ がある．

e-stat による地図でみる統計は，総務省統計局の WebGIS で，国勢調査，経済センサスなどの町丁字別集計，農業センサスの集落別集計結果等とそれに対応した区画地図を照合し，主題図を表示する機能である．

属性データを地図へ表示するには，「統計表設定」で項目を選び，「ランキング」によって領域を塗り分ける方法（色分けは，データの分け方や色の設定を変えることができる）と，「統計項目の値を用いて地図上に町丁字ごとに棒グラフや円グラフを各地区に配置する方法の 2 つがある．

表コラム 4.1　ウェブマッピングシステムを用いた行政情報提供サービスサイトの一例

統計名	提供元	アドレス（URL）
政府統計の総合窓口	統計センター	http://www.e-stat.go.jp/SG1/estat/eStatTopPortal.do
地理院地図	国土地理院	http://maps.gsi.go.jp/#5/35.362222/138.731389/&base=std&ls=std&disp=1&vs=c1j0l0u0f0&d=v
電子国土基本図	国土地理院	http://www.gsi.go.jp/kibanjoho/kibanjoho40025.html
国土情報ウェブマッピングシステム	国土計画局	http://nlftp.mlit.go.jp/WebGIS/
土地利用調整総合支援ネットワークシステム（LUCKY）	国土交通省	http://lucky.tochi.mlit.go.jp/
地震ハザードステーション	防災科学技術研究所	http://www.j-shis.bosai.go.jp/news-20140724
環境 GIS	環境省	http://www-gis.nies.go.jp/
統合型地理情報システム	愛知県	https://maps.pref.aichi.jp/
県域統合型 GIS ぎふ	岐阜県	https://gis-gifu.jp/gifu/portal/index.html
宇都宮市統計データバンク	宇都宮市	http://www2.city.utsunomiya.tochigi.jp/DataBank/index.htm

図コラム 4.2　愛知県の統合型地理情報システム
出典：https://maps.pref.aichi.jp/

各地区の統計の値を地図上に表示させる機能も提供され，また，地図作成に必要な統計データと境界データもダウンロードすることができ，その手順も記載されている．このシステムは閲覧者が設定した内容をサーバーに送り，表示を反映させるしくみである．

こうしたデータと位置情報照合による Web マッピングシステムは国土地理院のみならず他の省庁や地方自治体にも拡大しつつある．愛知県の統合型地理情報システム（図コラム 4.2）は，"マップあいち" という名称でホームページが作成され，住所から検索，目標物から検索，オープンデータを利用するなどの索引があり，様々な情報を地図上で展開できるサービスを提供している．また，Google My Map のような地図サービスも拡大しつつある（Yahoo! 地図，NAVITIME（ナビタイム），Mapion（マピオン），MapFan（マップファン）Bing 地図，道の駅 NAVI，地図蔵，goo 地図，@nifty 地図，いつも NAVI，GLOBE 地図）．

（中村康子）

コラム5

日本の諸地域の教材化

　小・中・高等学校における地理教育は，アプローチ方法は若干異なっていても世界・日本の地域的諸相から多様な特色や課題を学習することにある．ここでは，中国・四国地方を題材に日本の諸地域の教材化の一例を示してみる．

中学校の地誌学習

　現在，中学校の地理学習は，中核テーマを設定し，そこから地域の学習を展開するという動態的地誌学習を採用している．中学校学習指導要領解説社会編（p.62）によれば，中国・四国地方は，人口や都市・村落を中核とした考察とされ，「地域の人口の分布や動態，都市・村落の立地や機能に関する特色ある事象を中核として，それを人々の生活や産業などと関連付け，過疎・過密問題の解決が地域の課題になっていることなどについて考える」とある．

　本書を活用して中国・四国地方の学習を展開にあたり，各節の位置づけを図コラム5.1に示した．

　地域のくらしの源泉は，そこに居住する人びとの数，いわゆる人口である．中国・四国地方の学習は，人口分布と変化から始まる（第1節）．ここにおいて人口の増加と減少地域の分布を把握し，山陰と南四国地域，そして瀬戸内地域，あるいは平地と山間地の人口増減分布の地域差を見いだすことができる．そして山間地域の生活と景観（第4節），瀬戸内地域の実態（第2節，第5節，第6節）を考察する．とくに瀬戸内地域の工業化と都市の成長が人口増減の差と地域の変容をもたらしたことが把握できる．しかし，成長地域である瀬戸内地域においても工業の構造変動が地域の変容（中心商店街等）に大きな影響をもたらしていることも留意すべきである（第3節）．

　各地域は人口問題の解決のためにも地域の歴史的・地理的な特徴・資源を生かした地域活性化の多様な取り組みを行い，俳句や温泉，アニメなどを軸としたコンテンツツーリズム，棚田オーナー制度などを行うようになった（第4節，第7節）．本書では取り上げなかった「さかなと鬼太郎のまち　境港市」も地域活性化の一事例である．

　なお，中学校地誌学習の展開は，各章扉を参考にすると同時に，本コラムのように各地方の学習

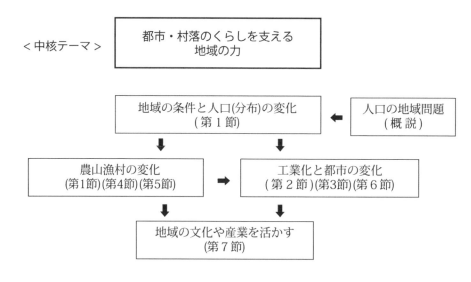

図コラム5.1　中学校における中国・四国地方の学習事例

を構造化した事例は，古今書院 HP 本書のページの「各地方の学習事例」からダウンロードできるので参照いただきたい．

高等学校地理学習の応用

高等学校の地理は，地理 A では（1）現代世界の特色と諸課題の地理的考察，（2）生活圏の諸課題の地理的考察，地理 B は（1）さまざまな地図と地理的技能，（2）現代世界の系統地理的考察，（3）現代世界の地誌的考察を学習内容としている．

人口問題は地理 A，地理 B いずれにおいても扱うべき現代世界が直面する重要な課題の1つである．先進諸国は既に人口減少期に突入し，それに対応する社会のあり方が問題となっている．とくに日本は世界的にみても少子高齢化のスピードが早く，多くの課題をかかえている．本書第2章概説3は日本の人口問題を解説している．この事例として第2章第1節があり，その地域実態を学習することができる（第4節）．しかし，人口問題に対する世界の諸地域の対応は，先進諸国およびまもなく生産年齢人口減少問題に直面する，かつて発展途上国においても異なり，ヨーロッパやアジアのいくつかの国・地域を比較対象として取り上げることが必要である．

また，人口の地域間移動はいまやグローバルな課題である．ヒトの移動は，モノ・カネにくらべて移動の摩擦が大きいが，それにも関わらず近年は，国内地域間および国家間において活発化している．それは国家・地域政策，所得格差，民族・宗教・文化的差異に伴う移動（移民・難民も含む）を引き起こし，それが都市と農村，大都市と地方都市，国家間において多様で深刻な地域問題を発生させる要因となっている．

中国・四国地方においても人口分布や移動，人口構造の考察によって，都市と農山漁村，中心都市と周辺都市の地域差をみることができる．

高校における「現代世界の諸地域を多面的・多角的に考察し，各地域の多様な特色や課題を理解させる」ために，中学校と同様，動態的地誌学習方法の導入も考慮すべきことであり，中国・インドなど，人口をキーワードとした諸地域の学習展開も1つの方法である（図コラム 5.2）．

（編者）

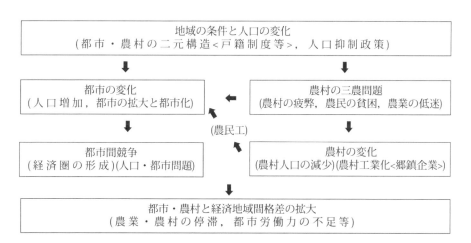

図コラム 5.2　人口をキーワードとした中華人民共和国の学習事例

第3章 近畿地方

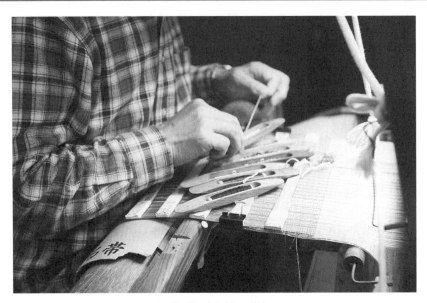

西陣織（手機・帯）

中核テーマ：歴史がもたらす文化と産業

　近畿地方は，千年にわたって都がおかれ，多くの寺社や伝統文化・工芸の中心地となってきた京都，天下の台所として商業を中心に発展した大阪，幕末に開港され，西洋化・近代化の先進地となってきた神戸という，いずれも特色ある都市が中心となっている．近畿地方は，伝統的な面での中心性と近代以後の東京との対比・対抗関係（周辺性）の二面性に注目し，それらを形成した歴史的背景とともに地域的特色や課題を見いだすことが重要である．

　京都の工芸品生産や町衆の生活文化は，朝廷や公家，寺社，伝統芸能の需要を支える形で発展してきた．それらは日本を代表する伝統文化として，数多くの史跡や寺社とともに，地域の重要な観光資源になっている．しかし，生活スタイルや産業構造の変化によって伝統的な文化・産業も変容を迫られている．一方，近代化・工業化が進展した明治以降，京阪神地域は東京圏に次ぐ大都市圏を形成するに至った．しかし，東京一極集中が強まるにつれて産業，人口が停滞し，西日本の中心的役割も薄れつつある．近年は周辺の農山漁村地域において人口減少と産業衰退が生じ，地域社会の存続が課題となっている．

　また，阪神地域は戦前段階から外国人が多く居住し，生活文化の多様性を尊重する共生社会への取り組みが進められている．

第1節　京の食文化

1　日本を代表する「京料理」

京都を旅する人は，伝統的な寺社仏閣とともに食事に「京料理」を楽しむことが多い．世界的に有名なレストランの格付けガイドブックの『ミシュランガイド』で，「それを味わうために旅行する価値がある卓越した料理」として三つ星を獲得した店舗が，京都には7軒あり，東京に次いで多い．京都の掲載店は，伝統を受け継ぎ発展させた日本料理店がほとんどというのが特徴である．

ところで，私たちの日常生活で，「和食」「日本料理」「京料理」の違いを意識的に分けて使うことはほとんどない．8世紀末に平安京が置かれて以来，日本の中心地として繁栄してきた京都における食文化の歴史は，まさに和食，日本料理の歩みそのものであるといえる．

江戸時代中期（1730年）発刊の料理書『料理綱目調味抄』には，京料理に関する記述がある．「京は海辺隔てり．時によりて魚鳥乏し．常に塩物をよくつかひ覚え，手づまよく取り合わせ，大略按排を第一とす」．つまり，海から遠く魚介類に乏しいことから，「取り合わせ」や「按排」といった，材料加工における形や色彩にこだわる美的操作がなされているという指摘は，和食や日本料理を象徴的に描写している．一方，海辺から離れた京都では独自の食文化も発達してきた．本節では京都の食文化について，自然環境と歴史的背景から探ることにする．

2　自然環境と食文化－盆地を中心に

京都盆地は，北は丹波高地に連なる北山，西に

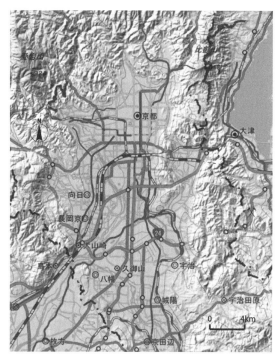

図 3.1.1　京都盆地
資料：国土地理院地図 地形図と色別標高図より作成．

西山山地，東は比叡山を中心とする東山三十六峰に囲まれている．約80万年前の地質時代第三紀末の断層運動により陥没し，かつては湖底であった．二条城西の「神泉苑」はその名残といわれている．後に周辺の山々から運ばれた土砂が堆積し，現在の地形となった．盆地一帯が肥沃な土壌であるのは，そのためである（図3.1.1）．

盆地地形は，気候にも影響を与えている．清少納言は『枕草子』で「冬はいみじうさむき．夏は世に知らずあつき」と記した．冬は，山を超えた雪雲により小雪が舞い，夜の底冷えが厳しい．一方，夏は風もなく夜も蒸し暑さが続く．このように寒暖の差が厳しく，四季の移り変わりが著しいのが特徴である．

盆地の周囲からは，大小様々な川が流れ込んでくる．左京では高野川と賀茂川が合流する鴨川，右京では桂川が流れ，それ以外にも小規模な川が数多く存在する．「今出川」「堀川」「白川」など川にちなんだ地名も多い．

料理に欠かせない良質な水は，川からだけでなく地下からももたらされる．関西大学の楠見晴重教授による調査では，分厚い砂礫層に地下水が包蔵され，その量は琵琶湖に匹敵する211億tとされている．京都市内では都市化の影響等で枯れた名水も多いが，現在でも多くの井戸が存在し，さらに623もの井戸が災害時協力井戸として登録されている（2016年5月現在）．

このような「盆地」に特徴づけられる自然環境が食文化に与えた影響を考えてみたい．

盆地は内陸に位置し，海からは離れている．前述書のとおり，水産物には恵まれていなかった．海産物では塩鯖や干しがれいなど「一汐物」と呼ばれる塩干物が主流であった．塩鯖は，若狭（福井県小浜）で揚げられた鯖を一塩し，2日かけて京都に着く頃には絶妙の味となり京都の人に喜ばれていた．若狭街道が通称「鯖街道」とも呼ばれていたのは，有名な話である．鮮魚といえば，近隣の琵琶湖やかつて南部に存在していた巨椋池などでとれる鮒・鯉・もろこなどの淡水魚や川魚であった．

京料理に欠かせない鱧は，鮮魚として料理される数少ない海水魚である．骨切りした鱧を湯に入れ冷水にとって上げ，梅肉酢をつけて食べる「落とし」は，祇園祭の頃が旬の名物料理である．鱧は非常に生命力の高い魚であり，瀬戸内海でとれた後に海水とともに箱に入れられ，生きたまま運ぶことができた．

次に，盆地の気候の特色は，四季のうつり変わりにより素材選びや盛り付けを楽しむという，季節感あふれる調理につながっている．また，盆地特有の寒暖差が激しい気候と，周囲から流入する河川がもたらす肥沃な土壌は，良質な京野菜を生産につながっている．そもそも京都は都が置かれた時代には，高品質の野菜が貴族への献上品として日本全国からもたらされた．さらに中国大陸からも種がもたらされ，様々な野菜類のうち，風土に合った品種が残った．平安時代の記録によれば，20種類程度の野菜が存在し，江戸時代の人口増加に伴って野菜生産は増えた．なかでも，七条から東西の塩小路を経て鳥羽にかけての一帯は野菜の宝庫であった．全国的に有名な「九条ねぎ」は，まさにこの一帯の産物である．柔らかさと甘み，ぬめりの美味しさは厳しい寒さがもたらすといわれている．

盆地がもたらす豊富で良質な水，特に地下水の特徴であるが，京都の地下水は鉄分やマンガンの含有量が少なく，カリウムなど無機塩を若干量バランスよく含む「やや硬水」とされる．まろやかで口当たりがよく，繊細な味が特徴である．灘の男酒に対し伏見の酒が女酒とされる所以である．硬度の低い京都の水は，昆布から出汁をとる際に灰汁が出にくいことも実証されている．また，豆腐や麩，湯葉などの薄味で繊細な食材にとって，この地下水は美味しさの下支えとなっている．豆腐や湯葉の製造工程では，大量の水を使う．大豆を洗浄し，水に浸し，大豆を砕く際の仕掛け水などであり，これらを支えるのも地下水である．地元の住民は豆腐屋で，豆腐だけでなく水を求めることもあるという．

和菓子に目を向けると，菓子作りにも地下水は欠かせないものであり，「醒ヶ井」「染井」「祐井」など，多くの名水が使われてきた．一方，原料としての水だけでなく，名水を意匠とする和菓子もある．老舗「とらや」の和菓子では，井戸の渦を思わせる「観世水」，池や湖に広がる水紋を思わせる「巻水」などにみられる．

地下水の利用は調理の場面だけでなく，食材保存でも重要な役割を果たしてきた．現在，観光客が多く訪れる錦市場は，湧き出す清涼な地下水が魚鳥の貯蔵に適していたことから，この地で栄え

た．現在でも鮮魚店では，豊富な地下水を販売に活用している．

3 歴史的背景と食文化

次に，食文化の系譜について歴史をたどる．最も古い料理様式は「大饗料理」といわれるものである．大饗料理とは，藤原氏など高位の貴族が，正月などのハレの日に，天皇家を招いて行う儀式的料理である．ただし料理というより食材を切って並べたもので，味付けは，自分の手前に置かれた小皿に塩や酢，醤，酒を合わせ，浸けて食べるものであった．

鎌倉時代には，中国で禅宗を学んだ僧侶が広めた「精進料理」が主流となる．この料理は肉食忌避の思想に基づき，大豆を製粉し肉に近い食感をもたせた生麩や湯葉をもたらし，さらに野菜を多用しているのが特徴である．

室町幕府が成立し南北朝が統一されると，京都では武家が実質的に支配を握ることになり，発生したのが「本膳料理」である．酒の部（献部）と飯の部（膳部）に分かれ，膳の変化を楽しむ豪華な食事として振る舞われた．

茶の歴史は，食文化と切っても切れない関係にある．鎌倉初期に栄西が茶の木をもたらし，以降，室町時代の東山文化で開花することになる．戦国時代，茶の湯がより精神性を重視する侘び茶へ向かったが，その茶事のなかで成立したのが「懐石料理」である．このように，江戸時代までに京料理の原型はできあがっている．しかしこれらは，ご馳走の部類にあたり，人びとが日常的に食べていたものではない．では，庶民の食生活はどうなっていたか．

平安時代後期の絵巻物からは，和食の基本である一汁三菜の銘々膳が，すでに成立していたことが読み取れる．江戸時代の京商家の食卓では，朝晩は茶漬け（茶粥）と漬け物，昼は一汁一菜が基本であった．衣食住に贅沢をせず質素倹約を心得としたため，かなりの粗食であったことが伺える．京都の日常のおかずとして知られる「おばんさい」は，もともと中京を中心とした商家のおきまり料理である．出汁を基本に，旬の野菜など食材のよさを生かした料理が，各家庭で受け継がれている．

漬け物は，「京漬物」としてお土産としても売られている．「しば漬け」，「すぐき漬け」，「千枚漬け」は三大京漬物とされる．このうち「千枚漬け」は聖護院かぶらを薄くスライスして，樽のなかで円を描くように漬け込む．この仕込み作業は，初冬の風物詩である．

人びとの風習から，現在も残る食生活の特徴も多くみられる．正月や節句の料理以外に，京都ではさまざまな「おきまり料理」がある．例えば，毎月1日は「小豆ごはん」を食べる．これは家中がまめで暮らせるようにという意味がある．8の付く日は，「あらめと油揚げの炊いたん」である．末広がりの8の日に，よい芽が出るよう，病人が出ないようにと願う．月末には，おからを食べる．これはおからが調理に包丁がいらないことから別名「きらず」と呼ばれ，炒って食べることから，縁が切れないことや，お金が入るように願ってのことである．

また，行事食として和菓子の「水無月」は有名である．一年の折り返しにあたる6月30日，京都では「夏越の祓の日」とされ，暑気を払い厄除けを願うために，水無月を食べる．これは氷室から出した氷を象り，ういろうの上に魔よけの小豆をあしらっている．このように長い歴史で培われた人びとの生活習慣が，食文化を形成しているのである．

4 京の食文化のブランド

2013年に「和食：日本人の伝統的な食文化」がユネスコ無形文化遺産に登録された．これは，形のない文化で土地の歴史や風習などと密接に関わっているものを未来に残すための登録制度であ

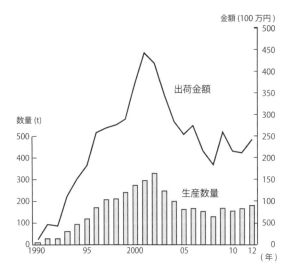

図 3.1.2　京のブランド品の首都圏出荷状況
資料：京のふるさと産品協会『京のブランド産品ガイドブック』p.56.

り，食については，フランスの美食術などに続き5例目となっている．和食の中心地である京都市は，同年，「京の食文化」を"京都をつなぐ無形文化遺産"に選定した．ホームページ等で食文化の魅力を発信するだけでなく，「京の食文化ミュージアム・あじわい館」を開館させ，普及活動に取り組んでいる．これらの動きの背景には，近年顕著な和食離れの進行による文化喪失の危機感がある．

和食と同様に京野菜も，全国的な品種の画一化と大量流通システムによる影響が大きく，危機感をもって取り組みがなされている．京都府では，平成元年度から品質的に優れた府内産農産物を，市場や消費者に PR し高付加価値化するため，府内産農産物のブランド化に取り組んできた．府農林水産部では，「京の伝統野菜」を，①明治以前に導入されたもの，②京都府内全域で生産されているもの，③たけのこを含む，④キノコ，シダを除く，⑤栽培または保存されているもの及び絶滅した品種を含む，と定義している．

京野菜は，現在でも京都市内で府全体の4割を生産しており，近郊農業の典型といえる．流通面でも農家が直接街に出て売る「振り売り」もまだ残り，伝統的な料理屋では農家から直接買い取るケースもある．しかし，他県産京野菜の生産拡大が進むなかで，時代の変化に対応するため，(社)京のふるさと産品価格流通安定協会では，「ブランド京野菜」として15品目を指定してブランド力を強化した．さらに，ブランド京野菜を積極的に販売する店舗は「ほんまもん京野菜取扱店」として認定し，ここ数年は首都圏でもデパートの地下食材売り場に進出するなどしている(図3.1.2)．

日本経済新聞社の「地域ブランド戦略サーベイ」によると，都道府県別ブランドランキングで京都府は第2位となっているように，京都の地名は，非常にブランド力が高い．しかし，京野菜のブランド化戦略については課題がある．それは，服などと違い，料理方法や食べ方がわからない野菜は，消費者の購買行動にはつながらないためである．特に京野菜は形状に特徴があるため，素材を生かす調理方法などを広く知らせる普及活動など，一層の取り組みが求められる．

（澤　達大）

第2節　古都の文化遺産

1　文化遺産

　世界遺産とは，世界遺産リストに記載された「顕著な普遍的価値」をもつ建造物や遺跡，景観，自然などをいう．また「顕著な普遍的価値」とは，世界中の人でも，いつの時代どの世代のひとでも，同じように素晴らしいと感じる価値をいう．このことは1972年にユネスコ（国際連合教育科学文化機関）総会で採択された「世界遺産条約」にもとづいて選定され，人類や地球にとってかけがえのない価値をもつ世界遺産を，人類共通の財産として未来永劫，次の世代に継承されていくことを目的としている．

　世界遺産は「文化遺産」と「自然遺産」，「複合遺産」の3つに分類される．①「文化遺産」とは，人類が生み出した素晴らしい建造物や遺跡，また自然環境に順応しながら形成された文化的景観などをいう．②「自然遺産」は，地球の歴史や動植物の進化を伝える自然環境や景観などをいう．③「複合遺産」は，文化遺産と自然遺産，両方の価値をもっているものをいう．

　世界遺産になるためには，遺産をもつ国が「世界遺産条約」に加盟したうえ，いくつかの諸条件（不動産であること，各国の法律で守護されている，遺産所有国自身から推薦がある，など）をクリアしなければならない．そして世界遺産リストに記載される遺産は，「世界遺産委員会」＜21か国＞で審議され決定される．

　日本が「世界遺産条約」に加盟したのは1992年，翌年には日本で最初の世界遺産として『法隆寺地域の仏教建造物群』，『姫路城』，『白神山地』，『屋久島』の4件が決定された．

2　奈良の文化遺産

　奈良には文化遺産が2つある．1つ目は日本で最初の世界遺産のひとつ『法隆寺地域の仏教建造物群』（表3.2.1）である．

　法隆寺は6世紀後半に厩戸王（聖徳太子）が斑鳩の地に建造した若草伽藍（斑鳩寺）を起源とするものである．厩戸王は推古天皇の摂政として天皇を中心とする中央集権国家体制の国づくりに着手し，内政面では冠位十二階や憲法十七条を定めて官僚制度を構築した．憲法十七条は役人や官吏のあるべき姿や心構えを説いたものである．根底には仏教，儒教，法家の思想が流れている．外政面では推古天皇の時代，607年に小野妹子が隋に派遣され，遣隋使が開始される．飛鳥や斑鳩が中心であったこの時期の文化は飛鳥文化であり，最初の仏教文化ともいわれる．これは推古天皇が594年に仏教興隆の詔を出して，仏教を保護奨励する方針を示した．また厩戸王は高句麗の恵辞，百済の恵聡に師事して仏教を学び，『三経義疏』と呼ばれる経典の注釈書をあらわした．

　若草伽藍は670年に火災により焼失したが，8世紀初めに法隆寺として再建された．

表3.2.1　法隆寺地域の仏教建造物群＜1993年登録：48件＞

建造物名	宗派（寺格）・本尊	開基・成立年代
法隆寺＜伽藍配置内の47棟＞	聖徳宗（総本山）・釈迦如来	推古天皇，聖徳太子607伝
法起寺＜三重塔の1棟＞	聖徳宗・十一面観音菩薩	山背大兄王638（舒明10）

資料：各寺院，奈良市観光協会，文化遺産オンラインHPから作成．

その配置は西院と東院の2つの伽藍からなり，西院の金堂や五重塔は現存する世界最古の木造建築である．また，法隆寺の周囲には，日本最古の三重塔からなる法起寺（706年建立）があり，飛鳥時代の建築様式を今に伝えている．

2つ目は『古都奈良の文化財』（表3.2.2）である．元明天皇が710年，都を平城京に遷都し，奈良時代が開始される．平城京は，『万葉集』に「あおによし　奈良の都は　咲く花の　薫がごとく　今盛りなり」と詠まれるほど栄え，内政面では，古代律令国家としての基礎が築かれ，外政面では，遣唐使が派遣されるなど大陸の先進文化移入に努めた．しかし，藤原氏などの政変や戦乱，疫病などがたびたび起きたため，聖武天皇は，仏教の力で混乱した政情，社会不安を鎮めようと考え，741年，全国に国分寺建立の詔を発した．また743年，大仏造立の詔を発し，全国の国分寺の総本山として東大寺を創建させた．

天平文化の担い手は貴族であり，仏教色と盛唐文化の影響が強いのが特色である．また唐のみならず朝鮮半島からの影響が奈良の文化遺産にみられる．

3　京都の文化遺産

784年，旧来の仏教勢力を排除するために，長岡京に都を移した．しかし，長岡京では不吉なことが相次いだため，怨霊の祟りを恐れた桓武天皇は，和気清麻呂の建議により794年，平安京に遷都した．平安京造営のために，各地から労働者が集まってきたが，なかでも平安京の造営に力をふるったのは飛騨の匠といわれる．以来，1869年，東京が首都になるまで，約1,000年の間にわたり，都の機能ばかりでなく日本文化の中心でもあり続けたといえる．今日「文化遺産」として登録されたもの（表3.2.3）は，平安から江戸までの各時代の文化を反映する建造物である．

京都は長い歴史の過程で応仁の乱などの数々の戦乱を経験し，寺社の多くは木造建築であるため，戦火により焼失してしまうが，そのたびに時の権力者や有力者などの支援により再建，保存がされてきた．こうした積み重ねが評価され，平安京遷都から1,200年の節目にあたる1994年，京都市，宇治市，滋賀県大津市に点在する寺社と城郭が，世界遺産に登録された．

4　王権の都と世界遺産と祭礼

春日祭は世界遺産に登録されている春日大社（奈良市）の例祭であるが，葵祭（賀茂祭，賀茂別雷神社と賀茂御祖神社），石清水祭（石清水八幡宮）ともに三勅祭のひとつでもある．春日祭の創始は，850年とされ，春日大社を氏神とする藤原氏の祭りを起源とする．藤原氏による摂関政治の繁栄とともに，969年には一条天皇が行幸するなどした．中世後期以降は衰退し，江戸時代

表3.2.2　古都奈良の文化財 ＜1998年登録：8件＞

建造物名	宗派（寺格）・本尊・主祭神	開基・成立年代
東大寺	華厳宗大本山・盧舎那仏	聖武天皇・8世紀前
興福寺	法相宗大本山・釈迦如来	藤原不比等 669（天智8）
元興寺	真言律宗・智光曼荼羅	蘇我馬子 593（推古元年）
薬師寺	法相宗大本山・薬師三尊	天武天皇, 道昭, 義淵 680（天武9）
唐招提寺	律宗総本山・盧舎那仏	鑑真・759（天平3）
春日大社	春日神	藤原永手　伝768（神護2）
春日山原始林（春日大社の神域）		814（承和8）
平城宮跡		

資料：各寺社，奈良市観光協会，文化遺産オンラインHPから作成．

第2節 古都の文化遺産

表 3.2.3 古都京都の文化財＜1994年登録：17件＞

建造物名	宗派（寺格）・本尊・主祭神	開基・成立年代
賀茂別雷（上賀茂）神社	賀茂建角身命・玉依媛命	6世紀以前？
賀茂御祖（下鴨）神社	賀茂別雷命	8世紀半ば？
教王護国寺（東寺）	真言宗総本山・大日如来	空海 8世紀末
清水寺	北法相宗大本山・千手観音	延鎮・778（宝亀9）
延暦寺	天台宗総本山・薬師如来	最澄・788（延暦7）
醍醐寺	真言宗醍醐派・薬師如来	理源大師聖宝 874（貞観16）
仁和寺	真言宗御室派・阿弥陀如来	宇多天皇 888（仁和4）
平等院	単立・阿弥陀如来	藤原道長・頼通 1052（治承7）
宇治上神社	菟道稚郎子・応神天皇・仁徳天皇	不祥
高山寺	真言宗単立・釈迦如来	774（宝亀5）伝 1206（建永元年）
西芳寺（苔寺）	臨済宗・阿弥陀如来	行基 729～749（天平）伝
天龍寺	臨済宗・釈迦如来	夢窓国師 1435（康永4）
鹿苑寺（金閣寺）	臨済宗相国寺派・観音菩薩	足利義満 1397（応永4）
慈照寺（銀閣寺）	臨済宗相国寺派・釈迦如来	足利義政 1490（延徳2）
龍安寺	臨済宗妙心寺派・釈迦如来	細川勝元 1450（宝徳2）
本願寺（西本願寺）	浄土真宗本願寺派総本山・阿弥陀如来	覚信尼 1591（天正19）
二条城		徳川家康 1603（慶長8）

注：単立…無派閥
資料：各寺社や二条城，京都府，文化遺産オンラインHP から作成．

に復興の動きがみられたが儀式は簡略化された．1871年，祭日を2月1日とする官社祭式で執行された．また1885年，明治天皇の旧儀再興の意向を受けて翌年勅祭に列せられ，今日の形式となった．

現在の祭礼は3月13日，宮中より天皇陛下の名代である勅使の意向を仰ぎ，国家の安泰と国民の繁栄を祈願する．

葵祭（賀茂祭）は世界遺産に登録されている京都市の賀茂御祖神社（下鴨神社）と賀茂別雷神社（上賀茂神社）において，5月15日（陰暦四月の中の酉の日）に執行される例祭であるが，朝廷からの勅使の参向を仰ぐ三勅祭の1つでもある．また現在では，祇園祭，時代まつりとともに京都三大祭りの1つでもある．しかし，祇園祭が庶民の祭りとすると，葵祭は加茂氏と朝廷の行事で貴族の祭礼と位置づけられる．これは，794年に平安京が都として定められ，賀茂社が王城鎮護・国家鎮護の神として崇敬を受けるようになると，従来からの賀茂社独自の祭りに，朝廷が勅使および斎王を派遣し，幣帛を備えて祈願する行事が加わることになるからである．

葵祭は，本来宮中の儀・路頭の儀・社頭の儀の

写真 3.2.1 葵祭の行列
出典：京都フリー写真素材集より（http://photo53.com/）．

3つからなるが，現在，宮中の儀は実施されていない．斎王代をはじめとする女人列による路頭の儀では，平安時代の衣装を身に着けた人びとが牛車とともに京都御所から下鴨神社を経て上賀茂神社まで行列する（写真3.2.1）．宮内庁から派遣される勅使は，直接両社に向かって社頭の儀に臨む．そして，社殿前では勅使による「御祭文」（天皇の言葉）奏上，それに対する神からの「返祝詞」（神の言葉，神職が述べる）などが行われている．

(小川正弘)

第3節　京の伝統産業

1　京の伝統産業

　京都は794年の遷都以来，明治維新まで都（みやこ）がおかれ，日本の政治・文化の中心であった．この1000年以上，都がおかれたという「歴史」の意味はきわめて重く，地域の産業・企業，さらに人びとの生き方，芸術，思想・宗教，にまで及んでいる．

　京都では古くから様々な生活用具，宗教の儀式用品・装飾品，趣味の用具などが職人たちによって作られてきた．これらの多くは朝廷などへの献上品となり，それ故に美術・工芸的にも水準の高いものが求められた．江戸時代，京都で作られた品々が「下りもの（高級品）」として日本各地に流通したのはその証左である．京都の伝統産業は，長い歴史のなかで熟成された美術・工芸技術を継承し，存続してきた．

　2014年現在，京都には国指定の伝統的工芸品17品目（西陣織，京友禅，京小紋，京焼・清水焼，京仏壇，京仏具など）を数え，京都市指定の伝統産業は国指定の品目も含めて50品目におよび，そのなかには生活用具のみならず，京菓子，京漬物，京料理などの食品・調理法も含まれている．

2　西陣織

　西陣織は京都を代表する伝統産業であり，最大のものづくり集団である．京都の織物は平安時代以降，官営による織物工房の工人たちによる生産が行われていたが，応仁の乱（1467～77年）によって工人たちは各地に拡散した．応仁の乱終結後，工人たちは再び京都に戻り，元々の場所に近いところや西軍の本陣であった大宮今出川付近で織物業を再開した．西陣織という名前は，西軍の本陣跡（西陣）という場所に由来する．現在の西陣織産地は，京都市上京区，北区に織物業と関連業が集中し，その周辺にも拡大している．

　西陣織の生産は，1000年に及んで蓄積・進化した専門的な技術・技能をもつ職人集団と多数の家庭内職が支えている．西陣織生産の中核は機屋（はたや）と呼ばれる織物業者である．機屋は，原料商から原糸を購入し，撚糸・染色を専門加工業へ依頼し，その後，糸は整経・管巻される．一方，デザインは機屋で企画・考案されるが，それを具体化するのが図案・意匠・紋紙などの専門加工業である．準備工程が整うと，いよいよ製織工程となるが，そのための機拵えが必要であり，専門的業者や内職業に委託する．力織機・手機での製織は，自工場（内機）あるいは市内・市外（京都府丹後地域など）の他の工場（出機）で行われ，最後に整理工程を経て製品化される．西陣織の織機は，複雑な模様を織り出すためにジャカード装置が付加され，近年はコンピュータによる制御が行われている．このように西陣織は多種多様な専門業があり，生産工程は長く，複雑である．さらに西陣織産地（京都北西部）内には経糸（たていと）をつなぐ工程を内職的にこなすもの，織り上がった反物や帯のわずかなきずを手直しするかけつぎ屋，織機の補修・修理業，織機および部品を供給する機料商など，多様な関連業が集積している（図3.3.1）．

　西陣織は，平安時代以来培われた高度な織布・関連技術と京都の文化中心性によって全国的な優位性を維持してきた．しかしながら，生活スタイルの変化は和装需要を著しく減退させ，産地は縮小傾向にある．着尺地（お召等）は1960年代後半から生産反数が減少し，その後一度も回復する

第3節　京の伝統産業

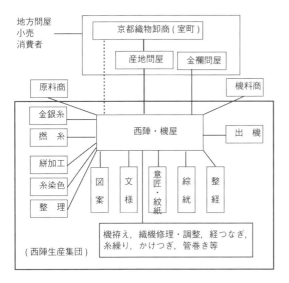

図3.3.1　西陣織の生産構造
資料：聞き取り調査等から作成．

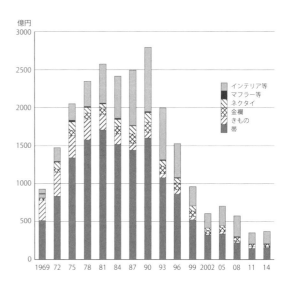

図3.3.2　西陣織生産の変化
資料：西陣織工業組合（2014）：『西陣生産概況』．

ことがないまま現在に至っている．帯は着尺地同様，1970年以降，生産量の減少傾向が続き，その後高級化を図って出荷額を増加させた．しかし，1990年以降，生産量・出荷額ともに著しく低下した．金襴は寺社および宗教・民俗行事に支えられてきたが，1990年代半ば以降減少傾向にある．これら和装織物の不振を補完するものとしてネクタイやインテリア等の生産が行われ，西陣織生産の維持に一定の役割を果たしたものの，これまた減少傾向にある．この結果，西陣織出荷額は2014年に373.3億円と，ピーク時（1990年，2,794.6億円）の13.3％となった（図3.3.2）．

西陣織生産の減少は，当然生産集団を縮小させ，機屋の数は4分の1，織機台数は10分の1程度となった．機屋の減少は西陣織の分業体制へ影響を与えることになる．すなわち，1軒の西陣織機屋の撤退（転業・廃業・倒産）は，必然的に分業を担う数軒の関連業への受注減少による転廃業を引き起こし，さらなる生産集団の縮小をもたらすことになる．とりわけ，かけつぎ，経つなぎ，下拵えなどの内職労働力の消失が著しい．西陣織生産の減少は，伝統技術の承継，道具や織機補修部品の不足等の課題を生じさせ，西陣織の伝統性を維持する手工業的技術基盤の弱体化が懸念される．また，西陣織の集積地域において，廃業した機屋跡地が駐車場化，一般住宅化し，西陣織を中心とした産業地域社会のあり方にも大きな影響をもたらしている．

一方，京都には多様な伝統的産業が集中し，その複合性が新たな人材・産業・企業を誕生させてきた歴史がある．絶え間ない変革と革新こそが京都の伝統である．

西陣織H企業（http://www.hosoo.co.jp）は，1688（元禄元）年大寺院御用達の織屋として創業した老舗企業である．Hは，今日の伝統産業（西陣織）革新企業として注目されている（WWD FOR JAPAN, 2012.11.19）．1970年代以降，Hも他の西陣織機屋同様，和装織物需要低下に直面し，その対応として西陣織の海外進出を企図した．しかしそこでは，"和の伝統模様"より，"織布技術の伝統"と，それを"京都という場"で実現することが求められた．Hは，小幅（手織）機の織布技術を広幅織機に転換できる技術と織機の開発をすすめた．それが150cm幅のレピア機であり，強撚糸と繊細な金・プラチナの箔等を低速で，立体的に織り込んでいくことに成功した．Hの製

表 3.3.1 京都の革新的企業の事例

社名	創業・設立	本社所在地	主たる業務内容
任天堂	1889年創業	南区	(花札・トランプ) 家庭用・携帯用ゲーム機
京セラ	1959年設立	伏見区	ファインセラミック, 半導体部品等
オムロン	1933年創業	下京区	健康・医療機器, 車載電装部品等
村田製作所	1944年創業	長岡京市	(ファンクショナルセラミックス) 電子デバイス等
島津製作所	1875年創業	中京区	分析・計測・医療機器等
堀場製作所	1945年創業	南区	計測機器
ローム	1958年設立	右京区	LSI, 半導体素子等
日本電産	1973年設立	南区	精密小型モーター
大日本スクリーン	1868年創業	上京区	印刷関連機器およびプリント基板関連機器等
日本写真印刷	1929年創業	中京区	成型同時加飾, タッチパネル
ワコール	1946年創業	南区	インナーウェア等
宝酒造	1842年創業	伏見区	酒類, 酒精, 調味料等

注：1) 京都にはこれ以外にも国内外で高いシェアをもつ革新的な企業が多数ある.
　　2) 京都大学 IPS 細胞の作製によって革新的医療技術の開発が進められている.
資料：各社 HP から作成（2016年3月3日閲覧）.

品は，ルイ・ヴィトン，シャネル，ディオールなどのブティックなどの壁布，インテリア素材として採用され，西陣織の新たな可能性を示した．H による織布生産の拡大は，縮小する西陣織の機屋・関連集団の維持に少なからず貢献している．

3　京の革新的企業

H は西陣織の革新事例であるが，これ以外にも伝統産業が維持してきた技術と知的遺産を活用し，新たな分野に挑戦した企業も多い．その1つとして K 企業がある．K はもともと京友禅の染工場として創業したが，和装需要の低下とその後のアパレルの下請的経営に甘んじていた．そこで K は京友禅の技術遺産である多様な図案（意匠）と本来の染色技術を活用し，アロハシャツ生産を開始し（2013年），成功を収めた（K 企業 HP 参照：http://pagong.jp/yuzen/kameda）.

京都は長い歴史のなかで多様な生活文化が形成され，伝統産業はその要求に応えてきた．そのなかで人材が養成され，素材と技術の発見やその開発・応用が継続して行われてきた．こうした京都の歴史と風土は，伝統産業の DNA を引き継ぎ，現代的な先端産業と企業を生みだす土壌となった．京都には革新的な先端技術をもって世界的に成長した企業も少なくない（表 3.3.1）.

例えば，任天堂は，趣味の文化を担ったカルタ・トランプ製造などを先行産業として，いまや家庭用・携帯用ゲーム機の世界的な企業として成長した．また，京セラ・村田製作所・ローム等は，京都の伝統産業である陶磁器業の素材と技術を先行的な基盤として，セラミック・コンデンサーを生みだし，独自の先端技術をもつ企業となった．この3社は Apple 企業の iPhone, iPad 等の部品供給企業としてきわめて重要な役割を果たしている（http://www.apple.com/jp/supplierresponsibility/our-suppliers/）. 同様に京友禅・京小紋などの染色・捺染業の技術的伝統は半導体プリント基板技術，西陣織金銀糸技術はタッチパネル用伝導性フィルムに引き継がれている．また，酒造業（宝酒造，伏見など）の集積はバイオテクノロジーの成長基盤となっている．

このように伝統産業そのものは縮小しつつあるが，伝統産業に支持された産業革新は，京都の産業基盤を確固たるものとしている．

（上野和彦）

第4節　伊根町にみる農山漁村の活性化

1　農山漁村を取り巻く現状

　現在，農山漁村は「過疎化」と「高齢化」の2つの問題に直面している．農山漁村では，高度経済成長期から若年層を中心に都市部，とくに三大都市圏への人口流出が進んだ．それは1990年代から進行する高齢化の問題とともに地方が直面する大きな問題の1つである．この問題は，その地域を構成する耕地や家屋等の諸要素の荒廃を引き起こしたり，地域を支える「担い手」の減少によって地域の産業，とくに農林漁業などの第1次産業の衰退現象や自治機能・祭礼等のコミュニティの消滅・衰退現象を引き起こしたりしている（岡橋，1988）．そのような問題を抱えている多くの地域では，現在，様々な主体の参画によって地域活性化の動きが生まれている．

2　伊根町における地域活性化の取り組み

　京都府伊根町（以下，伊根町とする）は，京都府の北部，丹後半島の北端にある人口2,249人（2016年6月1日現在）の町である．高齢化率は1965年から年々上昇し，2015年には43.6％となっている（図3.4.1）．伊根町は，自然環境の違いから東西に分けることができる．東部は，日本海に面した漁業集落が点在し，西部は標高400mから600mの山々に囲まれた山間地となっている．そのなかでも比較的人口が多いのが東部の漁業集落である．住民は，漁業で生計を立て，イワシ類やブリを中心に水揚げが多かった．しかし，1970年代以降，漁獲量の減少や輸入水産物の増加，魚食離れなどにより魚価が低迷し，経営が厳しくなり，それとともに漁業従事者も減少した．

　本節では昔から漁業の盛んだった伊根町を対象に地域活性化の試みを取り上げた．伊根町伊根浦地区は江戸時代末期から伊根湾に沿って舟屋が広がっており，現在でも約230軒の舟屋が並んでいる（写真3.4.1）．

　伊根浦地区は，舟屋だけでなく，母屋や蔵，寺社などの伝統的建造物，さらには伊根湾およびこれらを囲む魚付林，湾に浮かぶ青島などの周辺の環境と一体化した歴史的風致がよく残されている．そのため，2005年7月に国の重要伝統的建造物群保存地区（重伝建地区）に選定された．伊根浦地区は重伝建地区に指定される前から舟屋群を中心とした景観が注目を集め，映画やドラマの舞台にもなった．

　この景観を活用した地域活性化の1つとして，

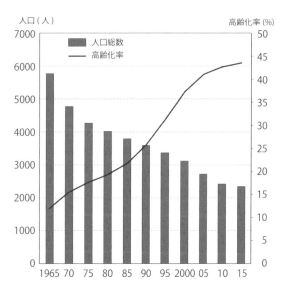

図3.4.1　伊根町における人口総数および高齢化率の推移
資料：「伊根町過疎地域自立促進市町村計画－平成28年度～平成32年度－」より作成．

写真 3.4.1　伊根町の舟屋群
資料：伊根町 HP（2016 年 6 月 25 日閲覧）より引用．

表 3.4.1　伊根浦地区における舟屋民宿の概略

民宿番号	宿泊料金（円）	宿泊可能人数	民宿従事者	支援金の有無
A	5,000 〜	8 名	高齢（女）1 名	×
B	11,000 〜	6 名	生産年齢（男女）2 名	○
C	11,500 〜	8 名	高齢（男女）2 名	○
D	5,400 〜	4 名	高齢（女）1 名	○
E	18,000 〜	6 名	生産年齢（男）1 名※	○
F	17,800 〜	6 名	生産年齢（男）1 名	○
G	12,000 〜	10 名	高齢（女）1 名※	×
H	11,000 〜	24 名	生産年齢（男）1 名※	×
I	13,000 〜	10 名	生産年齢（女）1 名※	×
J	9,000 〜	5 名	高齢（女）1 名※	×
K	13,000 〜	10 名	生産年齢（女）1 名※	×
L	5,000 〜	8 名	高齢（女）1 名※	○
M	5,500 〜	8 名	生産年齢（女）1 名※	×

注：※は，残りの従事者が不明のことを表す．
資料：伊根町観光協会発行「伊根町観光マップ」・「京都伊根なび」および聞き取り調査より作成．

舟屋群観光協会が主体となるガイドツアーがある．所要時間は，約 1 時間 30 分で舟屋群にある酒蔵見学（試飲あり）や舟屋内部の見学，もんどり体験など伊根の舟屋を満喫できるコースが設定されている．

また，舟屋を活用した民宿（以下，舟屋民宿）など，住民主体の取り組みもある．舟屋は，2 階建てで，1 階には舟を入れる船揚場，作業場などがあり，2 階は，居室となっている．その 2 階部分を整備し，客室にしている舟屋民宿が多い．表 3.4.1 に示したように伊根浦地区には，13 の舟屋民宿がある（町全体で民宿は 24 軒）．舟屋の 2 階を整備して客室としているため，宿泊可能人数は，民宿 H を除くと 5 名から 10 名と少ない．その代わり，多くの舟屋民宿では，宿泊客を一日一組限定として家族や夫婦がのんびりと過ごせるような場やその日に獲れた新鮮な海の幸を使った料理を提供しているところが多い．その分，宿泊料金は 1 人あたり 1 万円前後から 2 万円近くと一般的な民宿やホテルの料金に比べると高い．伊根町は，民宿を大きな観光資源ととらえており，新規に開業する民宿に対し，開業後 2 年間，町から毎月 10 万円の支援金を支給している．これを受けて，漁業に従事しながら民宿を経営する若年層や高齢者による開業が進んでいる．

一方伊根町における地域活性化は，舟屋群を活用したものだけではなく，海を中心とした自然を活用した取り組みも行われている．それが，丹後海陸交通が運営している伊根湾めぐり遊覧船体験である．休日には，府内外から多くの観光客が遊覧船に乗って伊根湾の眺めを楽しんでいる（写真 3.4.2）．他にも漁師の所有船で休日には，多くの観光客が湾内遊覧を楽しんでいる．駐車場には，府内・府外ナンバーの観光バスや自家用車が駐車している．他にも魚釣りの体験，海上タクシーとして伊根湾を巡る体験等があり，多様な取り組みが行われている．

写真 3.4.2　伊根湾めぐり遊覧船のりば
撮影：加藤徹，2016 年 6 月．

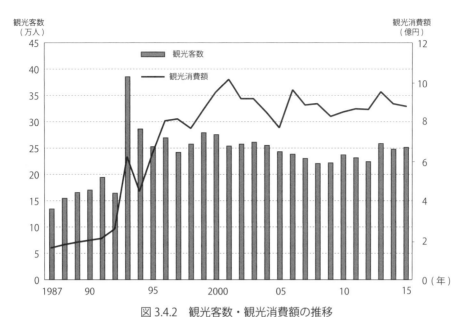

図 3.4.2　観光客数・観光消費額の推移
資料：伊根町 HP「観光入込客数と消費額の推移」より作成.

3　伊根町の活性化と今後の課題

伊根町では，地域資源を活用した地域活性化活動が行われている．それは，舟屋群を活用した取り組み（ガイドツアー，舟屋民宿）と眼下に広がる海を中心とする自然を活用した取り組み（遊覧船体験や魚釣り体験，海上タクシーなど）である．これらの取り組みは，伊根町にもともと存在する資源である舟屋群や海を中心とした自然を活用しているところに大きな特徴がある．

図 3.4.2 のように伊根町の観光客数は，1987～92 年まで毎年 10 万人台で推移していた．しかし，1993 年に NHK の朝の連続テレビ小説「ええにょぼ」の舞台となり，注目を集めると，40 万人近い観光客が訪れた．その後は，20 万人台を維持しており，これまでの活性化の取り組みが功を奏している．また，観光消費額は，2008 年を境に増加傾向にあり，年間約 9 億円程度の観光客による消費が生まれており，これまでの活性化の取り組みが住民にとっての収入源になっている．

ただ，人口減少・高齢化の問題が顕在化しているのも事実である．とくに，漁業の担い手不足は深刻であり，現在の漁業就業者数は昭和初期の約 3 分の 1 程度となっている．これは，伊根町の重要な観光資源である舟屋の存続にもかかわる重大な問題である．そこで，町は 2015 年 4 月に府が設立した「海の民学舎」（漁業への新規就業希望者へ 2 年かけて実践的な研修を行う場である）を修了し，漁業権を得た者に対して，①年 150 万円（2 年間）の支援金を出し，②漁船購入費用の半額を支援するという施策を行う予定であり，人口の定着と漁業維持の方策を探っている．

また，舟屋民宿では，高齢化の問題が顕在化している．前掲表 3.4.1 の A，D，L，M は，素泊まりだけしか行っていない民宿である．そのなかの民宿 A は，高齢女性が 1 人で経営している．以前は，その日に夫が漁で獲った新鮮な海の幸を使った夕食を提供していたが，夫が漁に出ることができなくなって食事の提供が不可能となり，現在は素泊まりのみの形態となった．こうした経営者の高齢化は宿泊および付随する多様なサービス低下をもたらし，今後経営に影響を与えることが予測され，高齢化対策が必要である．

（加藤　徹）

第5節　大阪大都市圏の拡大

1　地域別人口変化からみる大阪大都市圏

　都市圏とは，多種多様な就業機会を提供する中心都市と，中心都市に集まる就業者が生活する周辺地域（郊外）から構成される．日本の都市圏は，中枢管理機能と経済機能が集中する東京，大阪，名古屋の三大都市圏と，それに次ぐ中心性をもつ都市圏が形成されている．中心都市と郊外の関係は就業だけでなく，買い物など日常生活の様々な行動において密接であり，それらの関係を示す都市圏の空間構造を捉えることは，地域を理解する基礎として重要である．

　都市圏の設定は指標と決定基準によって異なるが，金田・石川（2006）は一般に，①都心から一定の半径のなかに含まれる市町村の範囲，②一定の比率以上の就業者が中心市に通勤する市町村の範囲，③『国勢調査報告』において定義されている大都市圏・都市圏の範囲，④都道府県単位で設定された範囲の4つの基準が使われていると指摘する．③の『国勢調査報告』の定義は，東京23区および政令指定都市などの中心都市が決められ，それに対して常住地人口の1.5％以上が中心都市に通勤・通学している範囲が郊外とみなされている．本節では，この定義を基礎とし，さらに人口変動に着目して都市圏を捉えることにする．

　大阪大都市圏（京阪神大都市圏，近畿大都市圏）は，大阪市，堺市，神戸市，京都市を中心都市とし，大阪平野を中心に大きく拡がった都市圏である．表3.5.1は2010年国勢調査において大阪大都市圏に含まれる市町村について，1960～2010年にかけての人口増加率の変化を示したものであり，期間中最も増加率が高かった時期は太字で示している．

　大阪大都市圏で最大の中心都市である大阪市の人口は，1960年の時点で300万人を超え，既に大量の人口の受け入れは困難になっていた．このため高度成長期に流入する人口の受け皿は大阪府下の市町であり，1960～70年にかけて人口の増加が著しい．とくに北河内地域の人口増加率は181.4％，次いで北摂地域108.1％，南河内92.7％，中河内63.9％と大阪市の東から北に向かって増加率が高い（写真3.5.1）．また，大阪府と接続する京都府山城中部地域の人口増加率も108.3％，神戸市阪神地域46.8％，東播地域45.5％となり，この時期京阪神地域は著しい人口増加をみせた．1970～80年に人口増加の波はより外延化し，滋賀県湖南，湖東，奈良県北和，中和，西和といった地域に及び，都市圏のさらなる拡大を示している．

　しかし，1980年代になると，京都府山城南部地域および奈良県が比較的高い人口増加率を示すものの，全体として人口増加は沈静化する傾向に

写真3.5.1　かつての千里ニュータウン（新千里東町，1970年11月30日）
出典：UR都市機構HP（https://www.ur-net.go.jp/chintai/kansai/osaka/senri_newtown/newtown/）．

表 3.5.1 大阪大都市圏内市町村における人口増加率の変化

都道府県名	地域	市町村	1960-1970	1970-1980	1980-1990	1990-2000	2000-2010
三重県	伊賀	名張市	-0.1	44.2	54.9	20.8	-3.6
滋賀県	湖南	大津市, 草津市, 守山市, 栗東市, 甲賀市, 野洲市, 湖南市	21.9	34.4	20.9	14.2	8.9
	湖東	彦根市, 近江八幡市, 東近江市, 日野町, 竜王町	5.6	18.6	9.5	6.4	1.7
	湖西	高島市	-4.8	2.2	2.2	6.6	-5.3
京都府	京都	京都市	10.2	3.7	-0.8	0.4	0.0
	南丹	亀岡市, 南丹市, 京丹波町	-4.5	19.5	10.5	6.7	-4.5
	山城中部	宇治市, 城陽市, 向日市, 長岡京市, 八幡市, 京田辺市, 大山崎町, 久御山町, 井手町, 宇治田原町	108.3	63.7	13.3	3.6	0.9
	山城南部	木津川市, 笠置町, 和束町, 精華町, 南山城村	-0.3	20.2	28.0	21.6	18.8
大阪府	大阪	大阪市	-1.0	-11.1	-0.9	-1.0	2.6
	堺	堺市	60.7	36.1	0.7	-1.8	1.5
	北摂	豊中市, 池田市, 吹田市, 高槻市, 茨木市, 箕面市, 摂津市, 島本町, 豊能町, 能勢町	108.1	29.8	6.3	-0.5	1.1
	北河内	守口市, 枚方市, 寝屋川市, 大東市, 門真市, 四条畷市, 交野市	181.4	24.9	4.1	1.1	-1.4
	中河内	八尾市, 柏原市, 東大阪市	63.9	10.6	1.0	-0.4	-1.5
	南河内	冨田林市, 河内長野市, 松原市, 羽曳野市, 藤井寺市, 大阪狭山市, 太子町, 河南町, 千早赤阪村	92.7	36.7	12.3	6.1	-3.9
	泉北	泉大津市, 和泉市, 高石市, 忠岡町	46.7	18.4	6.9	10.8	3.8
	泉南	貝塚市, 泉佐野市, 泉南市, 阪南市, 熊取町, 田尻町, 岬町	28.0	19.5	6.7	7.2	1.0
兵庫県	神戸	神戸市	15.7	6.1	8.0	1.1	3.4
	阪神	尼崎市, 西宮市, 芦屋市, 伊丹市, 宝塚市, 川西市, 三田市, 猪名川町	46.8	10.3	4.7	3.6	3.9
	北播	三木市, 小野市, 加西市, 加東市	0.2	23.9	6.4	3.1	-3.7
	東播	明石市, 加古川市, 高砂市, 稲美町, 播磨町	45.5	38.9	9.6	8.4	-0.7
	中播,西播	姫路市, たつの市, 太子町	18.2	11.4	3.3	4.4	0.0
	丹波	篠山市	-15.9	-4	0.3	10.8	-6.6
	淡路	淡路市	-13.6	-6.5	-5.2	-5.0	-10.5
奈良県	北和	奈良市, 大和郡山市, 天理市, 生駒市	41.0	42.8	18.4	5.8	-1.8
	中和	大和高田市, 橿原市, 桜井市, 香芝市, 葛城市, 川西町, 三宅町, 田原本町, 広陵町	25.7	29.6	13.8	9.1	1.0
	南和	五條市, 御所市, 高取町, 明日香村, 吉野町, 大淀町, 下市町	-4.1	-1.5	-1.3	-3.5	-13
	西和	平群町, 三郷町, 斑鳩町, 安堵町, 上牧町, 王寺町, 河合町	38.3	73.6	23.6	3.9	-4.2
	宇陀	宇陀市	-8.7	8.3	1.5	-4.7	-13.9
和歌山県	紀北	和歌山市, 橋本市, 岩出市, かつらぎ町, 九度山町	22.1	9.8	2.3	2.1	-3.6

資料:『国勢調査』.

あり,1990年以降は大阪府北河内,中河内,南河内地域のようにこれまで一貫して人口が増加していた地域が一転して減少に転じるようになり,都市の拡大は終焉に向かった.一方,一貫して人口が減少していた大阪市が増加に転じるなど都心回帰がみられ,大阪大都市圏の人口変化は地区選択的なモザイク状の分布を示すようになった(山神・藤井,2015).

2 昼間人口と雇用圏からみる大阪都市圏

昼夜間人口比率とは,夜間人口100人あたり

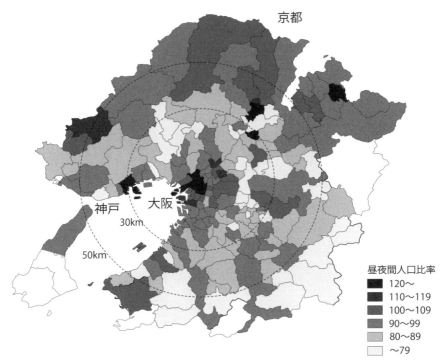

図 3.5.1 大阪大都市圏における昼夜間人口比率（2010 年）
資料：『国勢調査』2010 年.

昼夜間人口比率
- 120〜
- 110〜119
- 100〜109
- 90〜99
- 80〜89
- 〜79

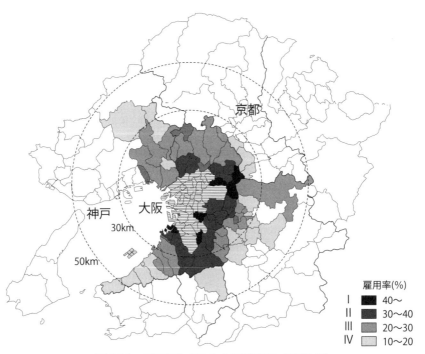

図 3.5.2 雇用率からみた大阪都市圏（2010 年）
注：雇用都市圏
（1）中心都市を DID 人口によって設定する
（2）郊外都市を中心都市への通勤率が 10％以上の市町村とする
資料：『国勢調査』2010 年.

雇用率(%)
- I 40〜
- II 30〜40
- III 20〜30
- IV 10〜20

の昼間人口の比率のことをいう．この比率が100を超えると昼間人口が夜間人口より多いこととなり，比率が大きくなればなるほど他市区町村からの人口流入が多いことがわかる．逆にこの比率が100を下回ると夜間人口が昼間人口より多く，住宅地としての要素が強いことがわかる．しかし，昼夜間人口比率は，人口の日々移動において流出地域か流入地域かの判断はできるが，都市圏の範囲は判読できず，新たな指標が必要である．そこで雇用都市圏の概念を採用し，昼夜間人口比率の分布とも関連させ，大阪都市圏の範囲と構造をみる．

京阪神地域の昼夜間人口比率をみると（図3.5.1），昼間人口比率が高いのは大阪市とその周辺および大阪市から50km程度に位置する地域である．とくに大阪市中央区が591.9％，北区346.7％が最も高く，周辺から人口を吸引し，中心地区を形成している．同様に神戸市中央区，京都市下京区も高く，一定の中心性を維持している．一方，大都市から離れた西脇市，篠山市，和歌山市などにも昼間人口率の高い地域が点在し，これらが地方都市としての役割を果たしていることがわかる．その結果，京阪神地域はⅠ．大阪・京都・神戸の中心地区，Ⅱ．地方中心地域，そしてⅢ．Ⅰ～Ⅱ周辺の人口流出地域の地域に分類することができる．

このうえで『国勢調査』の従業地統計を使い，京阪神地区の都市圏範囲（雇用圏）をみることにする（図3.5.2）．これは大阪・京都・神戸各都市圏の範囲をみるものとして有効である．大阪市から30kmに位置する市は，大阪市に従業地をもつ就業者の比率（雇用率）が少なくとも20％を超えて最も大阪に吸引される地域である．30～50km圏は雇用率が10～20％の地域となるが，ここまでが大阪大都市圏と推定できる．

大阪大都市圏は大阪府および奈良県，和歌山県，京都府，兵庫県の一部を包含するが，東と西は神戸および京都都市圏と競合し，周辺は地方都市の一定の雇用力もあって，都市圏拡大を阻害されている．しかし，これらを合わせて大阪大都市圏とみれば，東京大都市圏に及ばないもののその都市圏規模はきわめて大きい．しかし，大阪の人口減少と経済活動の停滞は，大阪大都市圏の拡大を停止させ，日々の人口移動パターンを変化させつつあることは確かである．

（岡村星児）

第6節　阪神工業地帯の発展と停滞

1　阪神工業地帯の特色

　阪神工業地帯（以下，阪神と略．他の工業地帯も同様）とは，一般に神戸市から大阪泉州地域にかけた大阪湾臨海地域と大阪内陸部を中心に展開する工業地域を指し，統計上は便宜的に兵庫県と大阪府を合算した数値が使用されてきた．他方，近畿圏の工業生産は，高度経済成長期を経て兵庫県西部，和歌山県北部の臨海地域へ，京都府南部から滋賀県南部，奈良県北部の内陸地域へと拡大している．本書では，近畿圏全体の工業生産の実態を踏まえつつ，阪神の範域を狭義に捉えて考察することにする．

　阪神の特色は，金属や化学など基礎素材型業種の割合が高いことにある．阪神は京浜や中京に比べて裾野の広い成長産業である自動車などの機械工業の立地が少なく，成長を妨げている要因の1つとなっている．もう1つの特色は事業所規模が小さいことである．1事業所あたりの従業員数が全国平均19.6人に対して，阪神は16.3人であり，中京の26.8人と比べても小零細企業が多い（2014年）．

2　阪神工業地帯の形成

(1) 第二次世界大戦前

　江戸時代，大阪は「天下の台所」として日本における商品流通の中心地であった．また，神戸港は中国市場を中心とした対外貿易の拠点として期待された．明治初期，こうした優位な立地条件を背景に，大阪に造兵司（1870年，後の砲兵工廠）と造幣寮（1871年，後の造幣局）の官営工場が設立されたのを契機に，外国の進んだ技術や最新の機械が導入され，製紙や雑貨，紡績などの工場が立地した．とりわけ紡績業は，1883年に大阪紡績が大規模な機械制紡績工場を設立したの

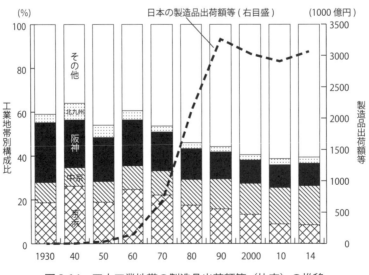

図3.6.1　四大工業地帯の製造品出荷額等（比率）の推移
資料：『工業統計表』．

を先駆けとして，紡績工場が相次いで立地した．その結果，1890年代初期には全国の綿糸生産の約90％を占めるまでになった．繊維産業は日本の「産業革命」を牽引し，阪神を特色づける工業として成長していった．

阪神が大阪湾岸の尼崎から大阪に連続する工業集積地域として形を整えたのは，大正から昭和初期にかけての時期であった．紡績業を中心とした軽工業に主導されて紡織機械や部品製造等の関連業が発展し，さらに造船や鉄鋼，肥料などの工場が立地した．こうした工業化の進展は，大阪が台湾・朝鮮半島の植民地経営の拠点としての役割を担っていたことによる．阪神地域の重化学工業化は軍事需要に支えられて急速に生産を伸ばし，1930年には全国の工業生産額の約3分の1近くを占めるまでになっていた（図3.6.1）．

この時期，臨海部では大規模な埋め立て造成工事が行われ，重化学工業の大規模工場が立地した．さらに大工場に主導される形で大阪市北東部・東部から東大阪にかけて金属・化学・雑貨・繊維などの中小零細工場が立地し，労働集約的な繊維工業は南部の泉州地域へ移動した．こうした重化学工業化の進展と工業地域の外延的拡大の結果，1940年には重化学工業の占める割合が約3分の2にも及んでいた（図3.6.2）．

（2）高度経済成長期

第二次世界大戦前，阪神はすでに生産額において京浜に首位の座を明け渡していたが，戦後の1950年代後半頃から本格的に関西経済の地盤沈下が問題視されるようになった．この時期，阪神が目指したのは，国土の均衡ある発展を謳う全国総合開発計画（1962年）や新全国総合開発計画（1969年）に示された大規模工業開発プロジェクトであった．1958年に大阪南港臨海工業地域造成事業，1962年には堺・泉北コンビナートの建設が開始され，大阪湾岸にはその後の埋め立てを含めて約2,000haもの工業用地が完成した．しかし，阪神は大都市地域でありながら地方が目指した重化学工業化を志向したことが，永く続く経済の地盤沈下を招く原因の1つとなった．

高度経済成長の波に乗り，埋め立て造成地には八幡製鉄や神戸製鋼，住友金属，三井東圧，丸善石油などの大規模工場が相次いで立地し，工業生産額は急増した．一方で，これらの基礎素材型工業は内陸部に立地する機械・金属加工を中心とした中小零細企業との結びつきが弱く，地域全体の発展にはつながらなかった．また，京浜が知識集約型産業と高い生産技術をもった中小零細企業群を創出したのに対して，基礎素材と中間財生産に特化した阪神は，比較的量産的で低次の技術による工業生産が支配的であった．

（3）阪神工業地帯の停滞

二度にわたる石油危機を経て1980年代に入ると，日本は重厚長大型から軽薄短小型の産業構造へと転換を迫られた．かつての基幹産業であった鉄鋼や石油化学は「構造不況業種」と呼ばれ，生産性の向上を目指して生産設備の大型化と最新技術の導入を強いられることになった．1950年代から1960年代にかけて大阪湾岸に立地した工場

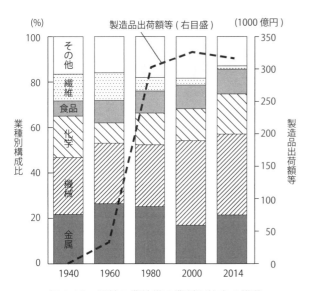

図3.6.2　阪神工業地帯の業種別比率の推移
資料：『工業統計表』．

群は規模的には中規模であり，生産設備も旧式になっていた．例えば鉄鋼業では，生産工程の高速化・連続化を可能にする最新鋭の生産設備を備えた中核工場を中心に企業内工場間分業体制の構築が急がれた．新日鉄（現，日本製鉄）の場合，堺や広畑の製鉄所は溶鉱炉を休止し，中核工場である大分や君津から鋼材の供給を受けて圧延等の加工を行う加工専門工場として位置づけられた．現在，堺製鉄所は和歌山製鉄所に縮小して統合され，和歌山製鉄所堺地区となっている．

臨海地域の基礎素材型工業の撤退・縮小が進む一方，高度経済成長期後半より地方圏への家電や機械などの大企業の工場移転が多くみられた．これは，「工場再配置促進法」（1972年）などの行政誘導にもよるが，阪神地域の過集積による生産環境の悪化に起因するところが大であった．さらに，1985年のプラザ合意以降の円高基調のなかで，1980年代後半〜90年代には，家電，繊維など労働集約的な業種を中心に工場の東南アジア・中国への海外移転が相次ぎ，阪神の核心地域における工業生産の縮小・空洞化が加速した．

またこの時期には，大阪にあった本社機能を中枢管理機能と情報が集中する首都東京に移転，あるいは東西2本社体制に移行する企業が相次いだ．こうした企業動向は，急速なグローバル化と技術革新が進展するなか，広範な情報収集と的確な意思決定，迅速な製品開発と量産化に向けた生産体制を構築するには大阪に本社を置いていては対応できないという経営判断があったからである．本社機能の東京移転は，2000年代に入ってからも増加している．

3　阪神工業地帯の復権に向けて

1960年代後半以降，高速道路網の整備とともに機械，金属関係の工場が内陸部に新規立地していった．京都市から大阪市にかけての淀川沿岸や大阪府東部には，核心地域から外延的に拡大した中小零細企業が多く立地した．一方，京都府南部，滋賀県南部，奈良県北部では，内陸工業団地が造成され，研究開発や試作機能を備えた母工場的な役割を担う大規模工場が立地した．とりわけ近年では，兵庫県内陸部の中国縦貫道沿線での新規立地が著しい．

関西経済の復権をめざし，阪神の外延地域において新たな大規模国家プロジェクトが展開された．その1つが京阪奈丘陵の関西文化学術研究都市（1987年着工）であり，もう1つは兵庫県西部丘陵の播磨科学公園都市である（1986年着工）．この2つのプロジェクトは，産・学・官の連携による新たな産業創出が目指され，様々な研究機関や企業，大学が進出した．しかし，長引く不況の中で企業進出は思うように進んでいないのが現状である．さらに，現在の研究開発は地球規模のネットワークによって進められるため，京阪神都市圏の縁辺部に位置する2つの地域は，関連機関や情報が集積する都心部から遠く離れていることがハンディとなっているなど，多くの課題を抱えている．

一方，基礎素材型工業の衰退が著しい臨海地域では，工場跡地を中心に広大な遊休地が生み出された．こうした状況を克服するために，1992年「大阪湾臨海地域開発整備法」が制定され，大阪湾ベイエリアの再開発が目指された．

その1つが工業以外の土地利用への転換である．2001年に開業したユニバーサル・スタジオ・ジャパン（USJ）をはじめ，大規模水族館の海遊館（1990年）などのアミューズメント施設，ワールドトレードセンター（WTC，1995年）などのコンベンション施設，物流施設などが誘致された．

他の1つは，次世代成長産業の立地促進である．そのひとつに液晶パネル生産がある．シャープは2009年に新日鉄堺の工場跡地に液晶パネルの最新鋭工場を稼働させた．パナソニックは2005年に尼崎市の発電所跡地にプラズマパネルの工場を，2010年に姫路市の出光興産製油所の跡地に

第6節　阪神工業地帯の発展と停滞　97

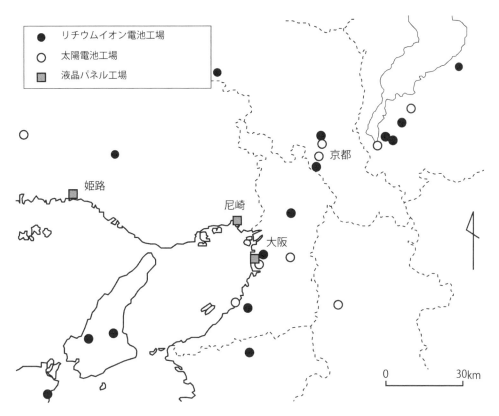

図3.6.3　主な液晶パネル・リチウムイオン電池・太陽電池工場の分布
資料：日本政策投資銀行（2013）：『バッテリーベイの現状と今後』，根岸紳編著（2012）：
『関西経済の構造と景気指数』日本評論社により作成．

液晶パネルの工場（子会社）をそれぞれ稼働させた（図3.6.3）．

リチウムイオン電池や太陽電池などのバッテリー生産も増大している．バッテリー生産は，環境問題への対応とICT機器を中心に長時間使用に耐えられる電池・蓄電池の需要が急速に拡大していることを背景に，内陸部を中心に新規立地が相次いでいる．こうした大阪湾岸の次世代成長産業の立地動向を称して「パネルベイ」や「バッテリーベイ」という呼称まで生れている．

しかし，このような新たな取り組みは，必ずしも成功しているわけではない．例えば，WTCはアクセスの悪さやバブル経済崩壊により周辺地域の開発が進まなかったこともあり，2003年に経営破綻した．液晶パネルやバッテリー生産も技術の平準化が進み，韓国や中国などの後発企業が大量生産体制を確立したため，急速な価格低下を起こし，日本企業は苦境に追い込まれている．パナソニックは2013年にプラズマパネルの生産を終了し，2016年には姫路工場でのテレビ用液晶パネル生産から完全撤退した．シャープも市場の急変に経営が悪化し，2016年に台湾の鴻海精密機械工業の傘下に入って経営再建をめざすことになった．阪神の復権への道のりは平坦ではない．

（竹内裕一）

第 7 節　多文化共生都市 神戸

　日本の年齢区分別将来人口推計（2016年版高齢社会白書）では，2050年の日本の人口は1億人を下回ると予想されている．このまま人口が減少すれば，高齢化がさらに進み，生活関連サービスの減少や税収入の減少に伴う行政サービス水準の低下などさまざまな問題が起こる．これらの問題を解決する可能性をもつのが労働力，消費者としての「移民」ではないだろうか．一方，移民の受け入れは治安の悪化や雇用機会の消失などへの懸念など，多くの課題を抱えている．しかし，国内人口の将来予測，国際的な責任など，移民受け入れについて考えていく必要性が高まっている．その意味で現在多数の外国人が生活している地域における地域社会と外国人とがどのような関わりをもっているのかを明らかにすることは，今後の日本の在り方について考える素材となる．本節は，神戸市を事例に在留外国人と国際化という視点から多文化共生について考えていく．

1　南京チャイナタウン

　歴史をさかのぼれば，神戸と外国との関係は，平安時代の平清盛に始まる．平清盛は大輪田泊（現在の神戸市兵庫区）を港として整備して宋との貿易に当たった．その後，鎌倉時代以降は，兵庫津と呼ばれ，交通の要衝となり，近世においては西回り航路の開拓によって繁栄していった．近世末期，日米修好通商条約においては兵庫津よりも東側の兵庫港（のち神戸港）が開港し，港周辺には外国人居留地が整備されていった．しかし，居留地は日本人居住地と明確に分けられ，特別な地域であった．明治中期に居留地は日本に返還され，日本の商社・銀行が進出し，業務地域として発展した．旧居留地は，第一次世界大戦と第二次世界大戦を経て業務地区としての役割を失うが，現在はその歴史的な景観が注目され，観光資源として活用されている．旧居留地は景観的に外国との関係があったことを示すが，外国人居住者が多いわけではない．

　一方，現在でも歴史的な経緯において外国人居住者の多い地域がある．それは神戸港開港によって形成された居留地に隣接した地域に集住した華僑の居住地域である．当時，中国人は無条約国の国民であるため居留地には居住できなかったが，華僑は貿易商館を構え中国人街を形成していった．それが現在の南京町（チャイナタウン）の元となった．神戸市と華僑との歴史は，陳徳仁氏が1979年に設立した神戸華僑歴史博物館で詳細を知ることができる．

　現在の神戸南京町のチャイナタウンは，横浜・長崎とならび三大チャイナタウンとされるが，タウン形成はかなり異なっている．戦前段階に形成されたチャイナタウンは空襲によって焼失し，現在のチャイナタウンは神戸市の都市構造再編成過程において都市観光の展開という文脈の中で再構築・再創造されたとされる（大橋，2000）．南京町まちづくりは，1970年代神戸市における中国的観光エリアとして再開発計画によって形成され，1977年神戸南京町商店街振興組合（多くは日本人）の設立，楼門（1982年），あずまや（1983年），長安門（1985年，写真3.7.1）が完成し，チャイナタウンとしての景観を整えていった．1987年神戸南京町春節祭が開催され，1990年南京町は神戸市の景観形成地域に指定され，さらに春節祭は地域無形民俗文化財に指定されるなど，神戸南京町はエスニックタウンとしての地位を確立していっ

写真 3.7.1　南京町チャイナタウン長安門
撮影：永山淳一，2016 年 8 月．

た．現在，チャイナタウンには中華料理店や食材店，雑貨店など約 100 店舗以上が存在している．

2　神戸市における外国人居住

2015 年現在，神戸市の人口は 153.4 万人であるが，在留外国人は 4.5 万人で人口総数の約 3％を占める．これを地域別にみると在留外国人数が最も多いのは，中央区の 1 万 2,305 人，次いで長田区 7,160 人である．この 2 区は在留外国人が多いばかりでなく，人口に占める割合はきわめて高く，中央区は 9.7％，長田区は 7.0％を占める．換言すれば，中央区は 10 人に 1 人が在留外国人という混住地域・社会である．しかし，地域ごとに在留外国人の構成は異なる．神戸市全体では韓国・朝鮮人（38.6％）が最も多く，次いで中国人（29.1％），ベトナム人（2.4％）である．この中で長田区は韓国・朝鮮が 63.5％と圧倒的であり，次いでベトナム（17.2％）が多く，中国（10.4％）は少ない．一方，在留外国人数が最も多い中央区は，中国が 45.6％と多いが，韓国・朝鮮 21.9％，台湾 5.1％，その他 17.4％と在留外国人の多様化が進んでいる（図 3.7.1）．

このような在留外国人の集住地域および国籍分布は，神戸を含む阪神地域における戦前段階からの工業化過程と国際環境が大きく影響している．神戸市の外国人集住化は，神戸港の開港による居留地形成とその周辺への華僑の居住である．しかしながらその後の外国人居住は神戸市を含む阪神地域における工業化および国際関係のなかで生みだされた．20 世紀初頭，日本は造船・機械・製鉄・紡績工場の労働力不足を補うために朝鮮半島から工員を募集し，多くの韓国・朝鮮人が（下層の）低賃金労働者として就業した．第二次世界大戦後，これら韓国・朝鮮人および子女は日本に残留し，いわゆる在日コリアン社会を形成した．長田区の在日コリアンのなかにはケミカルシューズ産業に参入して成功し，神戸および全国から在日コリアンが集住する契機をつくった．また，長田区のケミカルシューズ産業は，インドシナ難民（ベトナム人など）を就労者として受入れ，その後の家族の受入れもあり，長田区はベトナム人の集住地区となった．一方，中国人は，日中国交回復後，著しく増加したニューカマーである．

神戸市の国際化は，旧居留地や南京町のチャイナタウンが先行するが，実際には在日コリアン，インドシナ難民，そして中国人増加によるものである．神戸市の在留外国人の国籍数は 100 か国ともいわれる．

3　多文化共生都市としての神戸市

「多文化共生とは，国籍やことば，文化や習慣がちがう人々がおたがいに受け入れて認め合い，尊重しながらともに生きていくこと」である．しかし，外国人は「ことば，行政を含む制度，そして外国人に対する意識」の常に立ちはだかる 3 つの壁を乗り越えなければならないという（神戸定住外国人支援センター HP）．多文化共生は外国人ばかりでなく，日本人を含めた公正で平等な社会の実現である．

神戸市の行政や NPO 団体は，外国人向けに様々な取り組みを行っている．行政は，外国人・日本人コミュニティが交流する様々な場を提供したり，日常生活に必要な情報を多言語で記載した刊

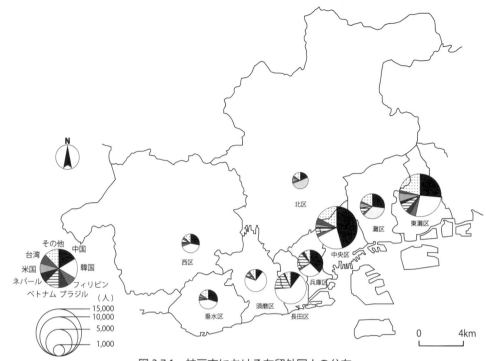

図 3.7.1　神戸市における在留外国人の分布
資料：法務省「在留外国人統計表」より作成．

表 3.7.1　神戸市の外国人支援

主体	取り組み	活動内容
中央区	多文化コミュニティのつどい	・多文化共生ニュースを刊行し，多文化交流フェスティバルを実施する．
	多言語での各種情報提供	・外国人情報コーナーを役所に設置する（英語・中国語・韓国語（朝鮮語）・ポルトガル語・ベトナム語など）．行政が発行するもの（中央区ニュース）を多言語で作成する（英語・中国語・韓国語（朝鮮語）・やさしい日本語）．
神戸国際コミュニティセンター	同行通訳の派遣など	・役所での手続きの際に，無料で通訳ボランティアを派遣する（英語・中国語・韓国語（朝鮮語）・ポルトガル語・ベトナム語など）．
神戸定住外国人支援センター	高齢者・子どもへの支援など	・デイサービスや日本語教室などを行う．

資料：神戸市中央区ホームページおよび各団体のホームページより作成．

行物を発行したりしている（表3.7.1）．神戸市中央区ホームページには「多文化共生」というページが設けられ，英語，中国語，韓国（朝鮮）語によって，中央区ニュース（新聞），区役所の案内，中央区で生活するうえでの案内（ごみ処理），住宅，健康，医療機関（外国語可能），電気・ガス・水道，電話，日本国籍取得・在留資格など，20項目について説明が記載されている．さらに中央区地図，休日・夜間診療の項目もあり，いずれもPDF化されていてダウンロードすることができる．また，神戸国際コミュニティセンターは行政と協力し，日本語が困難な外国人に通訳を派遣している．神戸定住外国人支援センターは，阪神・淡路大震災の後，兵庫県定住外国人生活復興センターと被災ベトナム人救援連絡会が外国人支援に取り組むことを目的として統合したもので，多様なデイサービス提供や日本語教室を開催している．

（永山淳一）

概説4　地域の変遷

　地域区分の目的・方法は，きわめて多様である．地域とは「地表の一定の範囲」とされるが，多様な指標—自然，産業，文化，統治・管理など—による区分があり，また，地域それ自体がもつ意味も同質性からなる地理的範囲もあれば，その範囲自体が政治あるいは生活にとって重要な意味をもつ場合がある．

　今日，日本の地理的区分は，7（8）地方区分（九州，中国・四国，近畿，中部，関東，東北，北海道）が採用されている．こうした地域区分は1904（明治37）年の小学校向け地理"国定教科書"で導入されたのが始まりとされる．地方区分は一定の地理的区分であり，現在では一般的に用いられている．今後，道州制が実施されることになれば，この広域的な地域（地方）が実質的な行政区域として意味を持ち，地方政府が成立することになる．

　一方，現段階において地域区分として大きな意味をもつのは，もちろんその前提として国家という地域単位があるが，"県"あるいは"市・町・村"という地方行政単位（範囲）である．地方行政（自治体）は，われわれが生活していく意味で重要な空間（行政地域）である．すなわち，どの地方区分のどの地方に属しているかは，われわれの日常生活にとって強く影響を与えることはない．しかし，どの県・市町村に属するかは，税負担，生活の利便性，教育・福祉の享受などに違いをもたらすことになる．平成の大合併といわれる市町村の再編は，人びとの生活に大きな変化をもたらしているのは周知の通りである．

　本節では地理的区分としての7（8）地方区分と行政区域としての"県"の成り立ちとその関係について調べることにする．

1　「五畿七道」の地理的区分

　日本の地域区分の起源として"五畿七道"がある．五畿七道とは，古代日本（7世紀）の律令制に基づく地方行政区域である．五畿は最も都（みやこ）に近い国々である山城，大和，河内，和泉，摂津の5か国を指し，畿内という．この畿内から離れた地域を7つの道（東海道，東山道，北陸道，山陰道，山陽道，南海道，西海道）に分ける．道は最も上位の地方行政区画であり，地形環境に制約された主要な交通路（幹線官道）に沿って区分けされ，その区域はさらに国（以下，令制国）に分割される．しかし，道内を統一的に管轄する常設の役所が置かれたのは西海道の太宰府のみで，その意味で道は地方行政組織としての統一性は低く，令制国が実質的な地方行政単位であった．令制国には国府が置かれ，朝廷から派遣された国司が治めた．古代において令制国は地理的区分の単位であり，同時に地方行政単位であった．令制国はさらに郡，里という地域単位に分かれる（図概説4.1）．

　しかし，鎌倉時代以降，政治の実権が朝廷から幕府へ移ると，地方の支配権も次第に国司から幕府が任命した守護へ移り，国司は名目だけの官職に変わり，さらに戦国時代になると守護（守護代）も地方統括の権限と役割を失っていった．すなわち，令制国は，地方行政単位という意味を失い，一定の地理的範囲を示すにすぎなくなった．

　幕藩体制において，令制国をすべてあるいは一部を実質的に支配・統治するのは大名家（藩）である．江戸時代に令制国は68か国あったが，大名家（藩）は300近くあったといわれる．令制

図概説 4.1　律令制における日本の地域区分
資料：https://www.sekainorekisi.com/ 行政区分 - 国県対照表日本地図 / 等.

国 1～2 国を領域としていた大名家は前田家, 島津家, 毛利家などで, 多くは 1 つの令制国（地理的範囲）を多数の大名家（藩）が分割して統治し, さらには飛び地支配も多く, 藩の領域は非連続した空間状態にあった.

しかし令制国という単位は, 行政区域としての意味は形骸化しつつも地理的領域としての意味は大きく, 明治期においても陸奥国・出羽国を分割したり（1869 年）, これまで令制国が存在しなかった北海道に 11 の国を新設したり（1869 年）, その他, 琉球王国の令制国化（1871 年）, 武蔵国と下総国の国界変更（1896 年）が図られるなど, 地理的範囲を確定する大きな役割を果たした.

ところで地理的範囲としての令制国は, 地域に根ざした名称（地名）が付けられているが, 都（みやこ）からの距離が強く影響されている. 例えば, 山陽道吉備の国の分割は都から近いところから備前・備中・備後とされ, 同様に北陸道の越の国は, 越前・越中・越後, 東山道の最も遠い地域は陸奥の国（陸前, 陸中・陸奥）とされ, 中央集権的地名呼称が特徴的である.

2　廃藩置県と府県統合による地域の整理

明治維新政府は, 中央集権体制を構築するために, 明治期に令制国となった北海道と琉球王国は別にして, 藩を整理統合する行政改革, いわゆる

概説4 地域の変遷

表概説4.1 廃藩置県後の府県統合

地方	第一次府県統合[1] 府・県	75	旧国[3]	第二次府県統合[2] 府・県	38	分県
畿内	京都府 大阪府 堺県, 奈良県	4	山城・丹後・(丹波) 摂津 和泉・河内・大和	京都府 大阪府 ↑堺県	3	(大和) 奈良県
東海道	安濃津県, 度会県 名古屋県, 額田県 浜松県, 静岡県 山梨県	7	伊賀・伊勢・志摩 尾張・三河 遠江・駿河・伊豆 甲斐	三重県 愛知県 静岡県 山梨県	4	
東山道(1)	大津県, 長浜県 岐阜県 筑摩県, 長野県	5	近江 飛騨・美濃 信濃	滋賀県 岐阜県 長野県	3	
東山道(2) 関東	東京府 埼玉県, 入間県 新治県, 茨城県 群馬県 橡木(栃木)県, 宇都宮県 木更津県, 印旛県 神奈川県, 足柄県	12	武蔵 武蔵 常陸 上野 下野 上総・下総・安房 相模(武蔵)	東京府 埼玉県 茨城県 群馬県 栃木県 千葉県 神奈川県	7	
東山道(2) 奥羽	青森県 盛岡県, 一関県 仙台県 磐前県(平県), 二本松県, 若松県 山形県, 置賜県, 酒田県 秋田県	11	陸奥 陸中 陸前 磐城・岩代 羽前 羽後	青森県 岩手県 宮城県 福島県 山形県 秋田県	6	
北陸道	新潟県, 柏崎県, 相川県 新川県, 七尾県, 金沢県, 福井県, 敦賀県	8	越後・佐渡 越前・加賀・能登・越中	新潟県 石川県	2	(越前) 福井県 (越中) 富山県
山陰道	鳥取県, 島根県, 浜田県	3	因幡・伯耆・出雲・隠岐・石見	島根県	1	(因幡) 鳥取県
山陽道	豊岡県, 兵庫県, 飾磨(姫路)県 北条県, 岡山県, 深津県 広島県 山口県	8	(摂津)・播磨・但馬・丹波・淡路 美作・備前・備中・(備後) 安芸・(備後) 周防・長門	兵庫県 岡山県 広島県 山口県	4	
南海道	和歌山県 松山県, 宇和島県, 香川県 高知県, 名東県	6	紀伊 伊予・讃岐 土佐・阿波	和歌山県 愛媛県 高知県	3	(讃岐) 香川県 (阿波) 徳島県
西海道	大分県 小倉県, 福岡県, 三潴県 伊万里県, 長崎県 熊本県, 八代県 美々津県, 都城県, 鹿児島県	11	豊後 豊前・筑前・筑後 肥前 肥後 日向・大隅・薩摩	大分県 福岡県 長崎県 熊本県 鹿児島県	5	(肥前) 佐賀県 (日向) 宮崎県
北海道				北海道支庁		
沖縄				沖縄県		

注:1) 1872年2月14日(明治4年12月27日) 2) 1876年(明治9年)
3) おおよその旧国に対応. 確定した県の領域は郡単位での統合も多く, 複数の旧国にまたがる.
資料:松尾正人(1986):『廃藩置県』中公新書, 等.

廃藩置県をすすめた. 廃藩置県は当初かつての藩を県に置換し, 政府直轄地の府県を合わせて3府302県にのぼった. 藩の領域は飛び地等も多く, 県を行政区域として機能させるためには一定の連続的な空間的領域が必要であった. 明治政府は藩の分割や併合に際し, 古代からの令制国・郡を単位とする統廃合を企図し, 多くの県は1令制国規模をそのまま県域とし, 同時にその規模も30〜40万石の経済規模とする府県区画案を示し, 1872年太政官布告による府県の配列(表概説4.1, 第一次府県統合)においては3府72県とされた. 府県名称もかつての藩名ではなく郡名を採用した県も多数ある.

1876年の第二次府県統合においては, さらなる府県統合が行われ, 府県は38にまで整理された. しかし, 統合された県のいくつかにおいて復

活・分県運動が行われ, 1888 (明治 21) 年末までに石川県から富山県 (越中), 福井県 (越前), 大阪府から奈良県 (大和), 島根県から鳥取県 (因幡), 高知県から徳島県 (阿波), 愛媛県から香川県 (讃岐), 長崎県から佐賀県 (伊万里県), 鹿児島県から宮崎県 (日向) が復活して 45 府県となった. これら分立した県は多くはかつての令制国・郡を基にしたものであった. その後, 新たに北海道と沖縄が加えられ, 現在の 47 都道府県体制の基が形成された. 1890 (明治 23) 年に府県制が制定・公布され, その後, 郡の再編をすすめ, 1900 (明治 33) 年までに全府県で府県制が施行されることになった. その後も活発な分県運動および領域圏域をめぐる問題が生じる地域もあったが, これ以降現在に至るまで基本的に府県の領域と名称の変更はない.

3 8(7) 地方区分

文部省は 1874 (明治 7) 年日本地誌書となる師範学校編輯『日本地誌略』を刊行した. その地域区分は 1872 年に第一次府県統合が布告されたものの, 依然として五畿七 (八) 道 (84 国) 「畿内, 東海道, 東山道, 北陸道, 山陰道, 山陽道, 南海道, 西海道, 北海道) である. それが 1903 (明治 36) 年の国定地理教科書『小学校地理』における地域区分は, 畿道別から地方別 (府県のまとまり) の 8 地方区分が採用され, 学習内容もまた, 旧来の国別から府県別の扱いへ転換された. しかし, 8 (7) 地方区分の基礎は「畿・道, 令制国・郡」にあり, その再編であった (図概説 4.1).

日本を畿道別に区分し, 新たに加えた北海道と琉球を個別に加えると 10 区分となるが, 国定地理教科書はそれらを統合し, 8 区分とした (図概説 4.2).

(1) 九州 (西海道＋琉球)

西海道は, 9 つの旧国から成り立っていることから九州とも呼ばれてきた. かつて九州は地方管轄の拠点として太宰府が置かれ, その後も東アジアおよび世界との窓口としての役割を果たしてきた重要な地域である.

一方, 地域区分上, 九州地方とされる沖縄 (琉球) はもともと日本列島と自然・歴史文化が異なり, 別の地域区分 (琉球列島あるいは南西諸島) とすべきかもしれない.

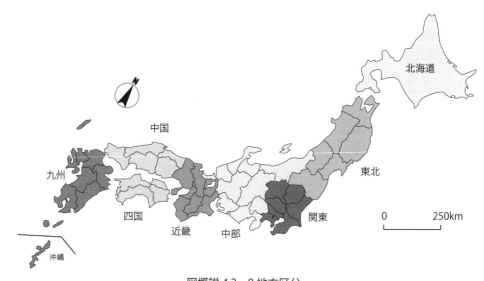

図概説 4.2　8 地方区分
資料：文部省 (1903)：『国定地理教科書小学校地理』.

(2) 中国（山陽道－備前から長門）
　　　（山陰道－因幡）

　畿内から西へ，遠距離にある九州（太宰府）へ向かう中間の国々であることから「中国」とされる．その交通路は，瀬戸内沿岸を通る山陽道と日本海沿岸の山陰道があり，その自然環境・歴史からみると本来は2つの地域である．

(3) 四国（南海道－紀伊）

　四国は令制国4国（伊予・土佐・讃岐・阿波）からなる．しかし，かつての南海道の紀伊（和歌山県）とは紀伊水道によって隔てられていることから分離された．

(4) 近畿（畿内＋播磨・但馬・丹波・丹後・紀伊）

　畿内は都に近接する地域であり，歴史的文化的政治的に日本の中心であった．それ故，かつての中心である京都府，大阪府，そしてその近隣を畿内に近い地域と位置づけ，「近畿」としたのは妙を得ている．とくに周辺として編入された近江（滋賀県），丹後，丹波（京都府），但馬，播磨（兵庫県）は，しばしば歴史的舞台として登場する．しかし，和歌山（紀伊）の編入は空間的連続性を重視した結果である．

(5) 中部（東海道＋東山道（美濃，飛騨，信濃）
　　　＋北陸道）

　8地方区分のなかで，最も性格が異なる3つの地域を合体させたもので，自然環境・歴史的にも異なり，やや便宜的な区分となっている．中部地方という名称は新しく，日本列島の「中央の部分」という意味である．

(6) 関東（東海道（相模の一部）＋東山道（関8州）

　もともと関東は，畿内から東に向かうときの不破関（東山道），鈴鹿関（東海道），愛発関・逢坂関（北陸道）以東の地域をさし，江戸期には箱根関（東海道）・小仏関・碓氷関（東山道）より東の8か国（相模国・武蔵国・安房国・上総国・下総国・常陸国・上野国・下野国を「関東」と呼ぶようになった．国定地理教科書の地域区分もこれを踏襲している．

(7) 東北（東山道　陸奥）

　関東以北の陸奥に代わる新しい地域名称である．1868年，陸奥は，陸奥・陸中・陸前国・岩代国・磐城国の5国に分割され，陸奥国は，現在の青森県に岩手県西北の二戸郡を加えた範囲となり，初期の陸奥国からかなり拡大した．

(8) 北海道

　北海道は，明治維新政府によって新たに命名されたものである．"道"は他の広域地名を倣ったものであり，北海は地域性を示すが，最南地方の"南海・道"に対応させた地方名である．しかし，北海道の府県としての権限は，かつての道とは異なって県レベルであり，他の地方区分とは若干意味を異にする．

（上野和彦）

概説5 日本の観光地

1 訪日外国人の観光動向

21世紀に観光業は世界最大の産業に成長した．日本では1960年代以降，高度経済成長に伴う国民生活水準の著しい向上がみられ，観光需要が急速に増大した．観光需要は，一般に都市に住む人を中心として拡大し，大量化，多様化，広域化してきた．そして観光の対象は，従来からの山岳・海浜に限らず大都市そのものも対象となり，観光空間は著しく拡大してきている．2003年の観光立国宣言などにみられるように観光への注目が高まっている．

日本政府は2020年に開催される東京オリンピックの経済効果を見込み，訪日外国人数2,000万人を目標にしている．政府はインバウンド観光の促進のため，2000年9月に中国からの観光目的の団体旅行を解禁した．2013年7月にはタイ，マレーシアからの短期滞在者向けのビザを免除した．次いで，2014年9月にインドネシア，フィリピン，ベトナムからのビザ発給要件が大幅に緩和された．

訪日外国人の国内における旅行消費額は3兆4,771億円（観光庁『訪日外国人消費動向調査』，2015年）であり，前年と比べると71.5％増加している．その背景には，免税の対象商品の拡充がある．2014年10月に免税制度が改定され，従来，免税対象品目であったカメラや家電，バッグなど非消耗品に加え，新たに食品類，飲料類，薬品類，化粧品類などの消耗品が加わった．また，2012年末から続く円安の影響により，訪日外国人の消費は拡大した．2012年には1ドル約78円であったが，近年は1ドル約110円から115円前後と以前と比べれば円安基調にある．

以上のようなインバウンド観光の促進環境があり，2011年以降訪日外国人数は著しく増加し，2015年には日本人の出国者数を上回っている（図概説5.1）．

2 訪日外国人の観光先

多くの訪日外国人に人気の観光ルートは「ゴールデンルート」と呼ばれる東京，富士山・箱根，京都，大阪を結ぶものである．訪日外国人の都道府県別の訪問率（観光庁『訪日外国人消費動向調査』，2015年）によると，東京都（52.1％），千葉県（44.4％），大阪府（36.3％），京都府（24.4％），神奈川県（11.3％），愛知県（9.8％），北海道（8.1％）の順で高い．

ほかに訪日外国人に人気がある観光ルートとし

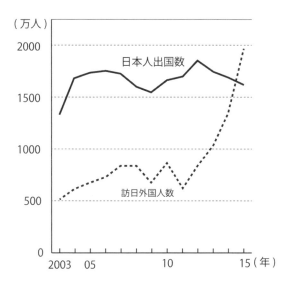

図概説5.1 訪日外国人数と日本人出国者数
資料：日本政府観光局「訪日外国人・出国日本人」より．

概説 5 日本の観光地 107

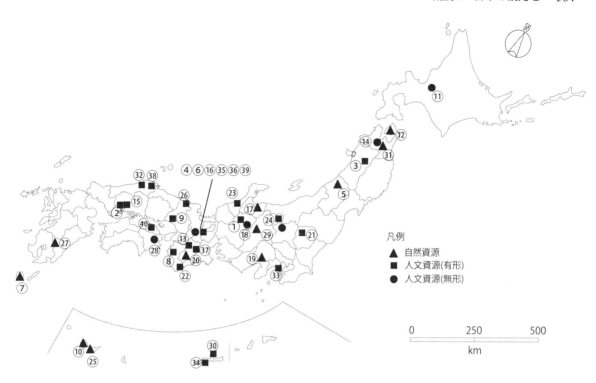

図概説 5.2 外国人に人気の観光地
資料：ステファン・シャウエッカー（2014）『外国人が選んだ日本百景』講談社より作成.

て「セカンド・ゴールデンルート」と呼ばれる金沢，白川郷，高山，松本を結ぶものや，ほかに北海道，沖縄県を訪問するツアーもある．

図概説5.2に外国人に人気の観光地（第1位～第40位）を示した．観光地のランキングはウェブサイト「ジャパンガイド」を参考にした（「ジャパンガイド」は毎月160万人ほどがアクセスする日本の旅行情報や生活，文化の情報を集約した世界でも有数の訪日外国人向け日本情報サイトである）．

外国人が訪問する観光地は，ツアー等のルートに規定されるが，近畿地方が最も多く，次いで中国・四国，中部，九州・沖縄，東北と続き，関東と北海道が少ない．関東が少ないのは起点としての都市「東京」とその周辺は当然として順位に入らなかった可能性がある．一方，沖縄，東北，北海道など比較的遠隔地や交通アクセスが困難な地域を訪問する外国人観光客も多く，その行動はアクティブである．

外国人観光客が訪問する場所を観光資源別にみると，歴史的文化的建造物（京都・奈良等の寺社，安芸の宮島等）の観光が最も多く，次いで自然を表象する公園（兼六園・栗林公園）と自然景観（立山黒部アルペンルート，奥入瀬，屋久島，西表島），それらの自然体験（富士登山）（写真概説5.1），民俗文化体験観光（高野山の宿坊）も人気が高い．

写真概説5.1 空から見た富士山
撮影：上野和彦，2012年1月．

また，民俗文化を表す各地の祭り（さっぽろ雪まつり，青森ねぶた祭，高山祭，祇園祭，阿波おどりなど）への関心も高い．

3 日本の観光地の特徴とニューツーリズム

『世界大百科事典 第2版』によると，観光を「観光行動と解する場合，狭い意味では，他国，他地域の風景，風俗，文物等を見たり，体験したりすること，広い意味では，観光旅行とほぼ同義で，楽しみを目的とする旅行一般を指す」とある．それは非日常的な世界に感動と心の癒やしと安寧を求める行動でもある．それ故，古くから伊勢，金刀比羅宮，高野山，日光東照宮，大山（神奈川）など，神社・仏閣の参詣は「途中の楽しみ」も加えて観光の対象となっていた．また，温泉観光地も心身の癒しの場として人気があった．

一方，明治からこんにちまで，「文明開化」と近代化の波のなかで喪失してきた日本（文化遺産）の見直しが行われ，同時に観光資源としての重要性が指摘されている．それは歴史的建造物としての神社・仏閣，各地の城郭（写真概説5.2）などであり，さらには歴史的町並み景観，地域の民俗・祭も観光の対象となるようになった．これらの歴史的建造物・景観は，外国人観光客にとってはよりいっそう日本文化の深層に迫る場所でもある．歴史的建造物＋精神性（深層文化）の観光資源化は，世界遺産への登録につながり，日本の伝統的観光地の特徴を示している．

一方，日本列島のほぼ全域は温帯地域に属しているが，南北に長く地域ごとに変化する季節，同時に環太平洋造山帯に位置していることによる活発な地殻変動と火山活動がある．これら自然は時に多大な災害をもたらすが，多様な自然は豊かな観光資源を提供している．

外国人観光客にとって魅力を感じる観光資源は伝統的な日本文化的価値や歴史性を表象する資源ばかりではない．それは現代の都市そのものが

写真概説 5.2　姫路城（別名白鷺城）全景
撮影：竹内裕一，2015 年 1 月．

写真概説 5.3　アニメ「バケモノの子」の舞台となった渋谷スクランブル交差点
撮影：上野和彦，2016 年 8 月．

観光資源であるが，それ以上に日本のサブカルチャーを代表とするコンテンツツーリズムが活発化している．例えば，アニメーションの舞台を訪問する「聖地巡礼」などである．これはアニメーションの舞台となった場所を求め，その「世界」を共有する新たな観光行動で，アニメツーリズムとも呼ばれる．その場所は，建物，駅，道，階段，踏切，河川敷，湖，下町のY字路など多様である（写真概説 5.3）．アニメツーリズムは，これまでの歴史性や文化的価値に重きを置いた観光資源とは異なる範疇であり，何げない日常空間がアニメの世界のなかで新たな価値を見出され，観光資源となった．これこそ現代日本が生みだした文化的価値であり，今後の動向が注目される．

（小池直之）

コラム6
日本の文化的景観

景観の意味

　景観は一般に「一定範囲の地表空間，すなわち目に映じる景色，または風景をさす．一般に自然景観と人文景観とに分けられる．前者は水，地形，植生などを構成要素とし，後者は人間の経済的，文化的活動の営みによって形成されたものをいう」（『ブリタニカ国際大百科事典』）．景観 Landschaft はもともと「視覚的意味と地域的意味の並立」（『世界大百科事典 第2版』）していることから，地理学においては自然環境や風土と人間の生活や諸活動との関係を捉えるうえで最も重要な概念である．今日，景観は地域社会に生きる私たち自身の文化・伝統，アイデンティティと密接に関わる存在となっている．

文化財としての景観

　日本列島各地には風土が育んできた文化がある．この多様な文化を保護し，国民の文化と未来の文化創造につなげようとするのが「文化財保護法（1950年5月30日，最終改正2014年6月13日）」である．この法律で「文化財」とは，以下のように説明されている（法律の条文を簡略化した）．

1. 有形文化財—建造物，絵画，彫刻，工芸品，書跡，典籍，古文書その他の有形の文化的所産で我が国にとって歴史上又は芸術上価値の高いもの（これらのものと一体をなしてその価値を形成している土地その他の物件を含む．）並びに考古資料及びその他の学術上価値の高い歴史資料．
2. 無形文化財—演劇，音楽，工芸技術その他の無形の文化的所産で我が国にとって歴史上又は芸術上価値の高いもの．
3. 民俗文化財—衣食住，生業，信仰，年中行事等に関する風俗慣習，民俗芸能，民俗技術及びこれらに用いられる衣服，器具，家屋その他の物件で我が国民の生活の推移の理解のため欠くことのできないもの．
4. 記念物—貝づか，古墳，都城跡，城跡，旧宅その他の遺跡で我が国にとって歴史上又は学術上価値の高いもの，庭園，橋梁，峡谷，海浜，山岳その他の名勝地で我が国にとって芸術上又は観賞上価値の高いもの並びに動物（生息地，繁殖地及び渡来地を含む．），植物（自生地を含む．）及び地質鉱物（特異な自然の現象の生じている土地を含む．）で我が国にとって学術上価値の高いもの．
5. 文化的景観—地域における人々の生活又は生業及び当該地域の風土により形成された景観地で我が国民の生活又は生業の理解のため欠くことのできないもの．
6. 伝統的建造物群—周囲の環境と一体をなして歴史的風致を形成している伝統的な建造物群で価値の高いもの．

　1.と2.および4.が美術・工芸・芸術および自然，歴史的な価値に重点が置かれている．一方3.，5.と6.は風土性が表現されたもので，地域性を解明する地理学，地域理解のための地理教育にとってしばしば取り上げられる素材である．6.は都市計画法（1968）のなかで伝統的建造物群保存地区を指定し，とくに重要なものを重要伝統的建造物群保存地区とした．5.は文化財保護法が改正され（2004年公布，2005年施行），景観法による文化的景観のなかで重要なものを「重要文化的景観」とした．これは「地域における人々の生活又は生業及び当該地域の風土により形成された景観地で我が国民の生活又は生業の理解のため欠くことのできないもの」を「文化的景観」と定義づけ，新しく日本の「文化財」と位置づけた．

コラム6 日本の文化的景観

表コラム6.1 重要文化的景観選定地

地域	選定地
北海道	アイヌの伝統と近代開拓による沙流川流域の文化的景観（沙流郡平取町）
東北(3)	一関本寺の農村景観（岩手県一関市），遠野－荒川高原牧場・土淵山口集落（岩手県遠野市），最上川の流通・往来及び左沢町場の景観（山形県西村山郡大江町）
関東	利根川・渡良瀬川合流域の水場景観（群馬県邑楽郡板倉町）
中部(7)	佐渡西三川の砂金山由来の農山村景観（新潟県佐渡市），佐渡相川の鉱山及び鉱山町の文化的景観（新潟県佐渡市），金沢の文化的景観 城下町の伝統と文化（石川県金沢市），大沢・上大沢の間垣集落景観（石川県輪島市），姨捨の棚田（長野県千曲市），小菅の里及び小菅山の文化的景観（長野県飯山市），長良川中流域における岐阜の文化的景観（岐阜県岐阜市）
近畿(13)	近江八幡の水郷（滋賀県近江八幡市），高島市海津・西浜・知内の水辺景観（滋賀県高島市），高島市針江・霜降の水辺景観（滋賀県高島市），大溝の水辺景観（滋賀県高島市），東草野の山村景観（滋賀県米原市），菅浦の湖岸集落景観（滋賀県長浜市），宇治の文化的景観（京都府宇治市），宮津天橋立の文化的景観（京都府宮津市），京都岡崎の文化的景観（京都府京都市），日根荘大木の農村景観（大阪府泉佐野市），生野鉱山及び鉱山町の文化的景観（兵庫県朝来市），奥飛鳥の文化的景観（奈良県高市郡明日香村），蘭島及び三田・清水の農山村景観（和歌山県有田郡有田川町）
中国	奥出雲たたら製鉄及び棚田の文化的景観
四国(8)	樫原の棚田及び農村景観（徳島県勝浦郡上勝町），遊子水荷浦の段畑（愛媛県宇和島市），四万十川流域の文化的景観，源流域の山村（高知県高岡郡津野町），四万十川流域の文化的景観 上流域の山村と棚田（高知県高岡郡檮原町），四万十川流域の文化的景観 上流域の農山村と流通・往来（高知県高岡郡中土佐町），四万十川流域の文化的景観，中流域の農山村と流通・往来高知県高岡郡四万十町），四万十川流域の文化的景観 下流域の生業と流通・往来（高知県四万十市），久礼の港と漁師町の景観（高知県高岡郡中土佐町）
九州(16)	求菩提の農村景観（福岡県豊前市），蕨野の棚田（佐賀県唐津市），平戸島の文化的景観（長崎県平戸市），小値賀諸島の文化的景観（長崎県北松浦郡小値賀町），佐世保市黒島の文化的景観（長崎県佐世保市），五島市久賀島の文化的景観（長崎県五島市），新上五島町北魚目の文化的景観（長崎県南松浦郡新上五島町），長崎市外海の石積集落景観（長崎県長崎市），新上五島町崎浦の五島石集落景観通長崎県南松浦郡新上五島町），潤用水と白糸台地の棚田景観（熊本県上益城郡山都町），天草市﨑津・今富の文化的景観（熊本県天草市），三角浦の文化的景観（熊本県宇城市），小鹿田焼の里（大分県日田市），別府の湯けむり・温泉地景観（大分県別府市），田染荘小崎の農村景観（大分県豊後高田市），酒谷の坂元棚田及び農山村景観（宮崎県日南市）

資料：文化庁HP（http://www.bunka.go.jp/seisaku/bunkazai/shokai/keikan/）.

自然と歴史，地域文化が織りなす景観を「文化財」として位置づけたことは大きな意義がある．

景観法にもとづく景観計画策定団体は2013年に全国で360団体（県市町村等）にのぼる．一方，重要文化的景観は2015年10月現在，全国で50件選定されている（表コラム6.1）．その選定基準は，(1) 水田・畑地などの農耕に関する景観地，(2) 茅野・牧野などの採草・放牧に関する景観地，(3) 用材林・防災林などの森林の利用に関する景観地，(4) 養殖いかだ・海苔ひびなどの漁ろうに関する景観地，(5) ため池・水路・港などの水の利用に関する景観地，(6) 鉱山・採石場・工場群などの採掘・製造に関する景観地，(7) 道・広場などの流通・往来に関する景観地，(8) 垣根・屋敷林などの居住に関する景観地，である．これら選定された重要文化的景観は複合的な基準によるものが多い．

景観は，国民と地域の財産としてきわめて重要である．2006年東京都国立市のマンション訴訟において最高裁は「良好な景観の恩恵を受ける利益（景観利益）は法的保護に値する」という判断を示したことも景観維持を後押しした．また，広島県福山市鞆の浦地区における埋め立て・架橋計画に対する地裁判決（2009年）は広島県に計画を断念させ，「景観の保護」に大きな影響を与えた．しかし，景観維持と公共事業による景観改変の調整は，圏央道と高尾山の自然の関係事例にみるように地域社会としての景観価値の共有は容易ではない．

（上野和彦）

コラム7
分布図を描く

分布図

　分布図とは，自然事象や人文事象の配置や範囲を表わした主題図であり，ある事象が地表上にどのように出現しているかを示すものである．地理的事象の空間的特徴や地域との関係を読み取ることができるため，多くの情報を学ぶことができる．地理的事象の空間的特徴や地域との関係を読み取ることができるため，分布図の作成はこれらの関係を読み取るための基礎的作業である．

　分布図の作成は，以前は地図上に，自然・人文現象の位置情報（観察・計測・住所等）をトレーシングペーパー，製図ペン，レタリング等を使って手作業で描いていた．しかし近年では，修正の容易さからGIS（地理情報システム）やドロー系ソフトウェアにより，デジタルデータとして作成されることが一般的になりつつある．これらのソフトウェアを用いた分布図作成に必要なものは，下図となるデジタル地図，分布として表現されるための資料，ソフトウェアがインストールされているコンピュータである．分布図作成のもととなる下図は，ドロー系ソフトウェアでは市販のデジタル地図や自らデジタル化した地図が必要であるが，GISソフトウェアでは国土地理院の基盤地図情報から無償ダウンロードすることができる．本節では下図の用意が必要ないGoogle My Mapでの分布図作成方法について紹介する．

Google My Mapの利用

　Google My Mapとは，Google社が開発したGoogleマップ上に，マーカーやラインを置き地点登録をすることによって，自分専用の地図を作ることができるWeb上のサービスである．土台となる地図はGoogleマップであり，下図を用意する必要がなく簡易的に分布図を作成することができる．そしてマーカーだけでなく，ラインを追加することもできるため，車や自転車・徒歩ルートの追加やラインをつなげて事象の広がりの範囲を示すこともできる．地図上に登録できるのは，マーカーやラインといった単なる点だけでなく，その地点の説明，写真，動画も登録できる．そのため，調査時に撮影した写真やメモなどを地点とともに整理することができる．利用できる地図は，Googleマップで見られるような地図や航空写真，地形が表示される地図である．作成した地図はインターネット上に公開することができ，その公開範囲は，世界中の誰もが検索して利用できる一般公開と，URLを知っている人だけが利用できる限定公開があるほか，共同編集という機能もあり，地図の編集を複数人で行うことができる．

　地点の登録は，地図上に直接マーカーを置く方法，場所を検索しマーカーを追加する方法の他に，Google My Map上に様々な地図データをインポートする方法がある．インポートできるデータは，CSV, TSV, KML, KMZ, GPX, XLSXファイル（エクセルファイル）およびGoogleドライブのスプレッドシート（エクセルファイルも可能）である．このようにGoogle My Mapでは工夫次第で，簡易的ではあるが様々な分布図を作成することができる．

　なお，Googleマップで使われている地図の投影法はWebメルカトル図法である．この図法はメルカトル図法とほとんど同じものだが，緯度約85度以上の北極や南極周辺の地図を表現せず範囲を限定してある．これにより，世界全体を正方形として表現することで，分割したときにそれぞれの範囲を同じサイズの画像として作成できる．この分割された正方形の画像をブラウザ内で並べることで地図を表示しており，素早くシームレスに地図を見ることができる．Googleマップをはじめとして，多くのweb上の地図サービスで標

コラム7　分布図を描く　113

図コラム7.1　Google My Map によるダムの分布
資料：https://www.google.co.jp/maps（閲覧日：2016年6月30日）.

準的に用いられている．

Google My Map による分布図の作成手順

実際に，Google My Map での分布図の作成方法について説明する．今回は，「日本のダムの分布図」を作成する．まずは準備段階として，GoogleのブラウザからGoogleアカウントにログインする必要がある．ログイン後，Googleマップの検索バー左端にあるメニューを開き，［マイプレイス］を選択する．この［マイプレイス］を選択すると，過去に作成したマイプレイスが一覧で表示される．この画面一番下の［地図を作成］を選択し，マイマップの作成を始める．

次に，基本地図の選択を行う．地図・航空写真・地形のほかに，色合いが異なる地図が選択できる．地図の題名を設定した後，レイヤを設定する．このマイマップ上には地点データ，ラインデータ（自動車や徒歩経路など）など複数のレイヤを分けて設定することができる．今回は日本のダムの分布図を作成するが，レイヤを都道府県ごとに分けて管理することも可能である．今度は，実際に1つずつマーカーをダムの地点に置いていく．また，検索バーに「群馬県　ダム」と検索してみる．すると，Googleマップ上にすでに登録されているダムとダムに関連する施設が自動で検索され，マーカーが落とされる．マーカーに対して，左のパネル上に現れる［＋］をクリックすると，先ほど作成した「群馬県」レイヤに登録される．ここでマーカーの編集で画像や動画，その地点に関する情報をマーカーに登録することができる（図コラム7.1）．

Google My Map での分布図作成のもう1つの方法として，位置情報データをインポートする方法がある．まずは，作成する分布図の位置情報データを作る必要がある．この位置情報データとは，住所や地球上の位置を示す緯度経度のような座標などが挙げられるが，場所の検索だけで複数のマーカーを落とせたように，名称も地図データ

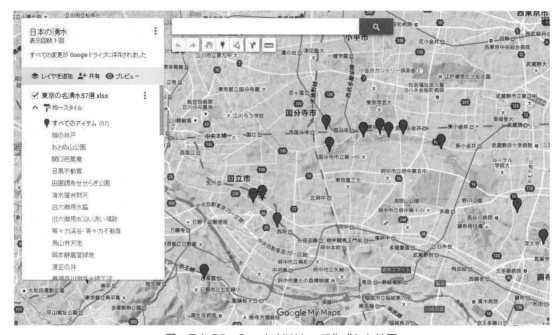

図コラム 7.2　Google MY Map で作成した地図
資料：https://www.google.co.jp/maps（閲覧日：2016 年 6 月 30 日）．

として使用できる．今回は東京都環境局 HP 掲載の「東京の名湧水 57 選」を分布図にする．

まず，HP に掲載されている名称と住所，地点の説明をエクセルシートに整理する．エクセルファイルの拡張子は XLSX であり，Google My Map で読み込むことができる．次にこのエクセルファイルを Google My Map にインポートする．手順は同じように，[マイプレイス]，[地図を作成] を選択する．そして，無題のレイヤの下にある，[インポート] をクリックし，用意しておいたエクセルファイルをドラッグしてインポートする．そのあと，地図上にマーカーを配置するための場所を示す列を指定する（住所や緯度経度）．次にマーカーの名称として使用する列を選択する．これで，地図上にすべてのデータがインポートされる（図コラム 7.2）．場所の説明も同時に入力することができる．今回作成した分布図は下図に「地形」を選択した．国分寺市付近をみると，国分寺崖線がわずかながら地図上にあらわれ，湧水の位置を示すマーカーは崖下に列状に分布していることが分かる．しかし湧水のある場所と地形との関係を地図にあらわすのは，地形図や GIS を用いた地形データとの重ね合わせの方がよくわかる．あくまでも Google My Map は簡単に操作でき，地図上にポイントを整理したものである．

Google My Map による分布図作成は，GIS やドロー系のソフトを用いた方法に比べると簡易的なものである．それでも，多様な地理的事象を空間的に把握する方法として，多くの人が作成し，活用できることは秀逸である．

（有賀夏希）

コラム8
統計の探索

　地表上に展開する様々な地理的事象を読み，あるいは説明するための基礎的資料としての統計収集と加工は，現地での観察，インタビュー調査とならび重要である．本節では，本書執筆において頻度が高く使用された統計について，読者の便宜を図るために統計が掲載されているURLを示した．

政府統計の総合窓口

　政府統計の総合窓口e-Stat（http://www.e-stat.go.jp/SG1/estat/eStatTopPortal.do）には，「統計法」に定められた基幹統計の名称が掲載され，統計（調査）名をクリックすると該当する統計（調査）一覧に移動する（統計分野とアイウエオ順の統計名，アクセスの多い統計から検索でき，これらの統計を使って作成された地図や図表を閲覧することができる．さらにマップDe統計GISに登録し，専用アプリを利用すれば，地図による小地域分析の閲覧がタブレットで可能となる．

本書において引用頻度の高い統計
(1) 人口等に関する統計

　人びとや世帯に関する統計は『国勢調査』が基本中の基本である．国勢調査はe-statのQ&Aによれば「日本全体で，そして各地域で，どのような人がどのような活動をしているか，どのように暮らしているかといった人びとや世帯のすがたを明らかにすることが必要である．このための最も基本的な役割を担っているのが国勢調査で，男女の別，出生の年月，国籍，現住居の居住期間，就業状態など人に関する事項や世帯の種類，世帯員の人数，住居の種類など世帯に関する事項」を5年ごとに調査している．統計は，大正9年から直近の調査年まで時系列に，都道府県別，市町村別に調べることができる．国勢調査は，西暦末尾0と5の年次に実施されている．しかし，国勢調査は調査時点での人口の静態的状況を示し，出生・死亡・婚姻・離婚等，人口の動態的状況は調査項目になく，それらを知るためには，厚生労働省による『人口動態調査』による統計を調べる必要がある．

　『住民基本台帳に基づく人口，人口動態及び世帯数』は，国勢調査と同様に人口動向を把握できる統計である．これは『国勢調査』が5年に1回の調査であるのに対し，『住民基本台帳』は，日々の住民登録が反映され，市町村においては毎月の人口変化を公表している．『国勢調査』，『住民基本台帳に基づく人口，人口動態及び世帯数』は，e-statにおいて国・都道府県・市町村の統計を閲覧できるが，より小さい地域単位（町丁名）の統計は，市町村等のホームページ等を閲覧する必要がある．

　国際化に伴う訪日外国人に関する統計は『出入国管理統計』，日本に居住する外国人に関しては『在留外国人統計（旧登録外国人統計）』がある．後者は外国人の集住とすみ分けおよび多文化社会実現に向けての基礎的統計である．

(2) 経済・産業に関する統計

　国および都道府県，市町村の経済活動，なかでもモノとサービスを生産する活動を把握する基本的な統計として，『農林業センサス』，『工業統計』，『商業統計』等がある．

　『農林業センサス』は農林業生産を経営体を中心に調査した統計であり，国・地域の農林業の状況を知ることができる．また，農林業生産ばかりでなく，農山村地域・農業集落別の多様な統計が掲載され，農業地域分析に有用である．一方，作物統計は農業の状況を作物別に整理した統計である．

　漁業に関しては『漁業センサス』（漁業の生産

表コラム 8.1　主要な統計の所在

統計名		アドレス（URL）
政府統計の総合窓口 e-stat	総務省	http://www.e-stat.go.jp/SG1/estat/html/GL02100101.html
統計データ FAQ －分野	総務省	http://www.stat.go.jp/library/faq/faq-a.htm
国勢調査	総務省	http://www.e-stat.go.jp/SG1/estat/GL02100104.do?tocd=00200521
人口動態調査	厚生労働省	http://www.e-stat.go.jp/SG1/estat/GL08020101.do?_toGL08020101_&tstatCode=000001028897&requestSender=dsearch
住民基本台帳に基づく人口，人口動態等	総務省 都道府県 市町村	http://www.soumu.go.jp/menu_news/s-news/01gyosei02_03000062.html
在留外国人統計（旧登録外国人統計）	法務省	http://www.e-stat.go.jp/SG1/estat/List.do?lid=000001139146
出入国管理統計	法務省	http://www.e-stat.go.jp/SG1/estat/List.do?lid=000001035550
農林業センサス	農林水産省	http://www.e-stat.go.jp/SG1/estat/GL08020101.do?_toGL08020101_&tstatCode=000001013499&requestSender=search
作物統計調査	農林水産省	https://www.e-stat.go.jp/SG1/estat/GL08020101.do?_toGL08020101_&tstatCode=000001013427&requestSender=dsearch
漁業センサス	農林水産省	https://www.e-stat.go.jp/SG1/estat/GL08020101.do?_toGL08020101_&tstatCode=000001033844&requestSender=dsearch
海面漁業生産統計調査	農林水産省	https://www.e-stat.go.jp/SG1/estat/GL08020101.do?_toGL08020101_&tstatCode=000001015174&requestSender=dsearch
工業統計調査	経済産業省	https://www.e-stat.go.jp/SG1/estat/GL08020101.do?_toGL08020101_&tstatCode=000001022686&requestSender=dsearch
商業統計調査	経済産業省	https://www.e-stat.go.jp/SG1/estat/GL08020101.do?_toGL08020101_&tstatCode=000001023268&requestSender=dsearch
特定サービス産業実態調査	経済産業省	https://www.e-stat.go.jp/SG1/estat/GL08020101.do?_toGL08020101_&tstatCode=000001023224&requestSender=dsearch
経済センサス	総務省・経済産業省	http://www.stat.go.jp/data/e-census/index.htm
国民経済計算年報	内閣府	http://www.esri.cao.go.jp/jp/sna/menu.html
旅行・観光消費動向調査	国土交通省 観光庁	http://www.mlit.go.jp/kankocho/siryou/toukei/shouhidoukou.html
訪日外国人消費動向調査	国土交通省 観光庁	http://www.mlit.go.jp/kankocho/siryou/toukei/syouhityousa.html

構造，就業構造と漁村，水産物流通・加工業等の漁業を取り巻く実態と変化）と『海面漁業生産統計』（海面漁業の生産に関する実態）がある．

『工業統計』は，日本および地域の工業生産動向を調べる必須の統計である．しかし，業種の分類が時々変更され，時系列的変化をみるためには注意が必要である．また，規模別統計も 1～3 人規模の統計が公開されない場合が多く，4 人以上統計によらざるを得ず，留意が必要である．また，業種を 3 分類（基礎素材型，加工組立型，生活関連型）して分析される場合もある．

『商業統計』は，全国の商業（卸売業・小売業）を営む事業所について，産業別，従業者規模別，地域別等に従業者数，商品販売額等を把握できる．基本的な集計単位は国・県・市町村ごとであるが，『立地環境特性別統計編（小売業）』では商業集積（商店街）の立地特性別に集計され，全国の商店街の動向が一定程度把握できる．

『特定サービス産業実態調査』は各種サービス産業のうち，統計ニーズの高い特定サービス産業の活動状況及び事業経営の現状を調査したもので，ソフトウェア業，情報処理・提供サービス業，インターネット附随サービス業，映像情報制作・配給業，音声情報制作業，デザイン業，広告業等が対象となっている．

『経済センサス』は，2010 年に始まった新しい統計調査であり，事業所・企業の基本的構造を明らかにする「経済センサス‐基礎調査」と事

業所・企業の経済活動の状況を明らかにする「経済センサス－活動調査」の２つから成立している．経済センサスの実施にあたり，「事業所・企業統計調査」，「サービス業基本調査」，「本邦鉱業のすう勢調査」が廃止され，「商業統計調査」は５年に２回の調査実施を５年に１回に変更し，「工業統計調査」と「特定サービス産業実態調査」は経済センサス－活動調査を実施する年の調査が中止されている．なお，2014年の経済センサス－基礎調査と商業統計調査が一体的に実施された．

(3) 国民生活に関する統計等

国民生活の全般的状況をみる指標として１人当たりの国民所得，国内総生産および国民総所得がある．内閣府経済社会総合研究所『国民経済計算年報』がある．また，１人あたり県民所得は「県民経済計算」によるPDFファイル（2013年）が提供されている（http://www.esri.cao.go.jp/jp/sna/data/data_list/kenmin/files/contents/pdf/gaiyou.pdf）．

国民の消費生活，とくに余暇活動を知る統計として「旅行・観光消費動向調査」（サンプル調査）がある．観光の状況および政府の観光施策をみるためには「観光白書」（1997～2016）（http://www.mlit.go.jp/statistics/file000008.html）が便利であり，2012年からepub版も発行されている．なお，観光の国際化に対応した「訪日外客数」（http://www.jnto.go.jp/jpn/statistics/visitor_trends/index.html）があるが，これは法務省の「出入国管理統計」を独自集計したものである．「訪日外国人客の消費実態等」は，サンプル調査ではあるが回答者の属性（国籍・性別・年齢等），訪日目的，主な宿泊地，消費額などがまとめられている．

(本木弘悌)

参考文献（西日本編）

第1章

青木 久（2015）：沖縄島のサンゴ礁海浜における暴浪時の遡上波限界高度，学芸地理，70，pp.17-26.
青木 久（2011）：日本のサンゴ礁の地形特性と沖縄の赤土流出問題，地理月報，522，pp. 4-5.
伊東維年（2013）：九州の自動車関連産業の企業集積の拡大と自動車部品1次サプライヤー（Tier1）の半導体関連産業への参入．産業経営研究，32，pp.1-18.
居城克治・目代武史（2013）：転換点に差し掛かる九州自動車産業の現状と課題．福岡大学商学論叢，58（1/2），pp.17-47.
沖縄県教育庁文化財課史料編集班編（2015）：『沖縄県史 各論編1 自然環境』．沖縄県教育委員会，782p.
鎌田浩毅監修（2014）：『パーフェクト図解 地震と火山－地球・大地変動のしくみ－』，学研パブリッシング，191p.
菊地俊夫編（2011）：『世界地誌シリーズ1 日本』，朝倉書店，176p.
公益財団法人日本自然保護協会・公益財団法人日本野鳥の会・公益財団法人世界自然保護基金ジャパン共同声明（2014）：『持続可能な自然エネルギーの導入促進に対する共同声明』（http://www.wwf.or.jp/activities/2014/04/1198925.html）．
国立天文台編（2011）：『理科年表平成24年』，丸善出版，1108p.
環境省・日本サンゴ礁学会編（2004）：『日本のサンゴ礁』．自然環境研究センター，375p.
（社）産業環境管理協会編，石井邦宜監修（2002）：『20世紀の日本環境史』，丸善，197p.
田渕 洋・岩田修二，守屋以智雄・阿部祥人．小泉武栄・長沼信夫（2002）：『自然環境の生い立ち－第四紀と現在（第三版）』，朝倉書店，206p.
日本第四紀学会・町田 洋・岩田修二・小野 昭編（2007）：『地球史が語る近未来の環境』，東京大学出版会，257p.
根岸裕孝（2014）：九州地域のおける自動車・半導体産業の集積・再編に関する比較分析 カーアイランド九州の現状と今後の方向性．産業学会研究年報，29，pp.81-90.
野澤秀樹編（2012）：『日本の地誌10 九州・沖縄』．朝倉書店，656p.
堀 信行（1980）：日本のサンゴ礁，科学，50，pp. 149-160
前門 晃（1993）：沖縄の地形と地質，ペトロジスト，37，pp. 96-98.
町田 洋・太田陽子・河名俊男・森脇 広・長岡信治編（2001）：『日本の地形7 九州・南西諸島』，東京大学出版会，355p.
ハーム・ドゥ・ブレイ，内藤嘉昭訳（2010）：『なぜ地理学が重要か』，学文社，384p.
平岡昭利編（1997）：『九州 地図で読む百年』，古今書院，181p.
吹浦忠正（2013）：『よくわかる 日本の国土と国境』，出窓社，104p.
山本理佳（2013）『「近代化遺産」にみる国家と地域の関係性』，古今書院，247p.
米倉伸之・貝塚爽平・野上道男・鎮西清高編（2001）：『日本の地形1 総説』，東京大学出版会，349p.
琉球大学21世紀COEプログラム編集委員会編（2006）：『美ら島の自然史－サンゴ礁島嶼系の生物多様性－』．東海大学出版会，435p.

第2章

石川義孝編著（2007）：『人口減少と地域 地理学的アプローチ』，京都大学学術出版会，347p.
板倉勝高・井出策夫・竹内淳彦編（1991）：『日本経済地理読本（第5版）』，東洋経済新報社，238p.
いよぎん地域経済研究センター編（2010）：松山観光客の4人に1人がドラマの影響を受けていた－NHKスペシャルドラマ「坂の上の雲」放映に関する第3回アンケート結果．IRC調査月報，264，pp.12-17.
香川大学教育学部地理学教室編（1972）：『香川の地理』，上田書房，506p.
北川建次（1976）：『広域中心地の研究』，大明堂，578p.
北村嘉行・矢田俊文編（1977）：『日本工業の地域構造』，大明堂，317p.
経済地理学会西南支部編（1995）：『西南日本の経済地域』，ミネルヴァ書房，342p.
国立社会保障人口問題研究所編（2017）：『日本の人口動向とこれからの社会：人口潮流が変える日本と世界』，東京大学出版会，314p.
コンテンツツーリズム学会（2014）：『コンテンツツーリズム入門』，古今書院，206p.
佐藤龍三郎・金子隆一（2016）：『ポスト人口転換期の日本』，原書房，230p.
鈴木 茂・奥村 武編（2007）：『「観光立国」と地域観光政策』，晃洋書房，221p.

竹内淳彦・小田宏信編（2014）:『日本経済地理読本（第9版）』，東洋経済新報社，258p.
中国地方総合研究センター（2013）:『中国地域の経済と地域開発』，205p.
中島峰広（1999）:『日本の棚田　保全への取組み』，古今書院，240p.
中田誠（2008）:『ぜひ知っておきたい日本の水産養殖－人の手で育つ魚たち』，幸書房，223p.
中藤康俊（2017）:『過疎地域再生の戦略』，大学教育出版，239p.
平岡昭利編（2008）:『地図で読み解く日本の地域変貌』，海青社，333p.
森川洋・篠原重則・奥野隆史編（2005）:『日本の地誌9　中国・四国』，朝倉書店，636p.
山下東子（2012）:『魚の経済学－市場メカニズムの活用で資源を譲る』，日本評論社，267p.
由井義通（2015）:郊外住宅団地における活性化の取り組み—広島市の事例，地理，60（4），pp.82-89.
若林敬子（2009）:『日本の人口問題と社会的現実〈第1巻〉理論篇』東京農工大学出版会，374p.
若林敬子（2009）:『日本の人口問題と社会的現実〈第1巻〉モノグラフ篇』東京農工大学出版会，454p.

第3章
生田真人（2008）:『関西圏の地域主義と都市発展—地域発展の経済地理学—』，ミネルヴァ書房，439p.
浦川豪監修，島﨑彦人・古屋貴司・桐村喬・星田侑久（2015）:『GISを使った主題図作成講座－地域情報をまとめる・伝える』，古今書院，128p.
岡橋秀典（1988）:新過疎時代の山村問題，地理科学，43（3），pp.169-176.
岡本伸之（2001）:『観光学入門　ポスト・マスツーリズムの観光学』，有斐閣，370p.
菊地俊夫編（2011）:『世界地誌シリーズ1　日本』，朝倉書店，176p.
金田章裕・石川義孝編（2006）:『日本の地誌8　近畿圏』，朝倉書店．580p.
河野通博・加藤邦興編著（1988）:『阪神工業地帯—現在・過去・未来—』，法律文化社，235p.
ステファン・シャウエッカー（2015）:『外国人が選んだ日本百景』，講談社，237p.
世界遺産検定事務局（2014）:『基本を知る世界遺産44－世界遺産検定4級公式テキスト』，マイナビ，72p.
奈良女子大学文学部なら学プロジェクト編（2009）:『大学的奈良ガイドーこだわりの歩き方』，昭和堂，288p.
日外アソシエーツ編（2007）:『全国地方史誌総目録：北海道・東北・関東・北陸・甲信越』，日外アソシエーツ，603p.
農山漁村文化協会・奥村彪生編（2003）:『聞き書・ふるさとの家庭料理〈5〉もち・雑煮』，農山漁村文化協会，256p.
橋本雄一（2016）:『GISと地理空間情報：ArcGIS10.3.1とダウンロードデータの活用（四訂版）』，古今書院，180p.
日野正輝・香川貴志編『変わりゆく日本の大都市圏　ポスト成長社会における都市のかたち』，ナカニシヤ出版，268p.
本田健一（2014）:『京都の神社と祭り』，中公新書，256p.
松尾正人（1986）:『廃藩置県』，中公新書，247p.
溝尾良隆（2004）:『観光学－基本と実践』，古今書院，149p.
溝尾良隆（2011）:『観光学と景観』，古今書院，229p.
村井康彦編（1979）:『京料理の歴史』（シリーズ食文化の発見4），柴田書店，301p.
村山裕三（2012）:『伝統産業から文化ビジネスへ』，マリア書房，78p.
森泰三（2014）:『GISで楽しい地理授業－概念を理解する実習から課題研究ポスターまで』，古今書院，116p.
山神達也（2013）:京阪神大都市圏の空間的縮小に関する一試論－通勤流動と人口密度分布の分析をもとに－．都市地理学，3，pp.40-51.
山神達也・藤井正（2015）:人口と通勤からみる京阪神大都市圏の空間構造の変化．日本地理学会発表要旨（https://www.jstage.jst.go.jp/article/ajg/2012a/0/2012a_100100/_pdf）．

西日本編・執筆者紹介（執筆順）

氏名	よみ	勤務先	執筆分担
石川温之	いしかわ ながゆき	明大附明治中学・高等学校(非)	第1章第1節
青木 久	あおき ひさし	東京学芸大学	第1章第2節
上野和彦	うえの かずひこ	東京学芸大学名誉教授	第1章第3節, 第3章第3節, 概説3, 概説4, コラム1, コラム3, コラム5, コラム6
松下直樹	まつした なおき	愛光中学・高等学校	第1章第4節
森山隆裕	もりやま たかひろ	宮崎県立都城工業高等学校	第1章第5節
深瀬浩三	ふかせ こうぞう	鹿児島大学	第1章第6節
目代邦康	もくだい くにやす	東北学院大学	概説1
辻村千尋	つじむら ちひろ	日本自然保護協会	概説2
本木弘悌	もとき ひろやす	早稲田大学高等学院	コラム2, コラム8
中村康子	なかむら やすこ	東京学芸大学	第2章第1節, コラム4
守谷富士彦	もりや ふじひこ	東京都立神代高等学校	第2章第2節
渡邊 剛	わたなべ ごう	香川県立坂出商業高等学校	第2章第3節
秋本洋子	あきもと ようこ	早稲田中学・高等学校	第2章第4節
番匠谷省吾	ばんしょうや しょうご	広島大学附属中学・高等学校	第2章第5節
山田和利	やまだ かずとし	東京都立芦花高等学校	第2章第6節
大矢幸久	おおや ゆきひさ	学習院初等科	第2章第7節
立川和平	たちかわ わへい	海城中学高等学校	コラム5
澤 達大	さわ たつひろ	京都文教大学	第3章第1節
小川正弘	おがわ まさひろ	東京都立芝商業高等学校(非)	第3章第2節
加藤 徹	かとう とおる	神奈川県大和市立北大和小学校	第3章第4節
岡村星児	おかむら せいじ	兵庫県神戸市立本庄中学校	第3章第5節
竹内裕一	たけうち ひろかず	千葉大学	第3章第6節
永山淳一	ながやま じゅんいち	学習院初等科	第3章第7節
小池直之	こいけ なおゆき	東海中学・高等学校	概説5
有賀夏希	ありが なつき	株式会社東京地図研究社	コラム7

編者紹介

上野 和彦　うえの かずひこ

東京学芸大学 名誉教授．1945 年生，東京学芸大学大学院修士課程修了，文学博士．
主著：『日本の諸地域を調べる』（共編）古今書院，『地場産業産地の革新』古今書院，『伝統産業産地の行方』
（編著）東京学芸大学出版会，『小学校社会科を教える本』（編著）東京学芸大学出版会．

本木 弘悌　もとき ひろやす

早稲田大学高等学院 教諭．1967 年生，東京学芸大学大学院博士課程単位取得，博士（学術）．
主著：『日本の工業 第 2 巻・第 5 巻』（単著）岩崎書店，『産地縮小からの反攻』（共著）同友館，『日本経済
地理読本』（分担執筆）東洋経済新報社．

立川 和平　たちかわ わへい

海城中学高等学校 教諭．1969 年生，東京学芸大学大学院修士課程修了，教育学修士．
主著：『伝統産業産地の行方』（分担執筆）東京学芸大学出版会

【東京学芸大学地理学会】　　小金井市貫井北町 4-1-1　東京学芸大学地理学分野内

	東京学芸大学地理学会シリーズⅡ　第 1 巻
書　名	**日本をまなぶ 西日本編**
コード	ISBN978-4-7722-5300-0
発行日	2017（平成 29）年 10 月 1 日　初版第 1 刷発行
	2020（令和 2）年 6 月 24 日　初版第 2 刷発行
編　者	**上野和彦・本木弘悌・立川和平**
	Copyright ©2017　Kazuhiko UENO, Hiroyasu MOTOKI, and Wahei TACHIKAWA
発行者	株式会社 古今書院　橋本寿資
印刷所	株式会社 太平印刷社
製本所	株式会社 太平印刷社
発行所	古今書院　〒113-0021 東京都文京区本駒込 5-16-3
TEL/FAX	03-5834-2874 / 03-5834-2875
ホームページ	http://www.kokon.co.jp/　　　検印省略・Printed in Japan

◆ **東京学芸大学地理学会シリーズⅡ　全5巻　B5判　並製本**

第1巻　日本をまなぶ　西日本編　　2017年刊　定価本体2800円＋税　好評重版
第2巻　日本をまなぶ　東日本編　　2017年刊　定価本体2800円＋税
　　　上野和彦・本木弘悌・立川和平 編

地理学の手法で日本各地を調べ、新学習指導要領の動態地誌をふまえて描いた日本地誌。既存資料のコピペではなく、オリジナルの図表を作成して地域を解説しているので、地誌の描き方の事例としても役立つ。

第3巻　景観写真で読み解く地理　　2018年刊　定価本体2900円＋税
　　　加賀美雅弘・荒井正剛 編

写真の「撮り方」ではなく、写真の「活用」がテーマ。地理学や地理教育に、景観写真をどう活用すればよいか？ 身近な地域、都市、農山村、自然環境、外国、異文化理解、および地理教育への活用事例をカラーで掲載。

第4巻　東京をまなぶ　　2019年刊　定価本体2800円＋税
　　　上野和彦・小俣利男 編

好評『日本をまなぶ』の東京編。オリンピックで注目が集まる東京を、最新情報とオリジナルの図表を用いて解説する「東京の地理」読本。生活者の視点もふまえて、東京の地域的課題を地理学から読み解く。

　　　続刊刊行予定　2021年　　第5巻　地図で読み解く地理（仮題）

・・

◆ **楽しく学びがいのある授業をつくろう！　地理教育の基本図書**

地理授業づくり入門　　荒井正剛 著　　2019年刊　定価本体2600円＋税

地理教育の根本（教育をめぐる国際的課題、および新学習指導要領）を考えつつ、楽しく有意義な授業をつくるにはどうすればよいか。教職をめざす大学生や地理授業に悩む歴史教員にも、地理の重要性と魅力を説得力ある内容で伝えることができる基本図書（全8章＆15コラム）。筆者の授業実践例も多数収録。

◆ **地理教育へのGIS導入　困ったらまずこの本から！**

スマホとPCで見る　はじめてのGIS　　時枝稜・木村圭司 著
　―「地理総合」でGISをどう使うか―　　2019年刊　定価本体2200円＋税

難しいGISの操作不要！　スマホでまずQRコードを読み取って、デジタル地図に触れることから始めて、「地理総合」につなげていく。地理関係者なら自在に解説できる教材地図を多数収録。地理から読み取れること、新学習指導要領との対応、教案例を示し、一歩進めたGIS教育の初歩も掲載した便利な本。